Louis Sonolet

Tambour battant !

MÉMOIRES D'UN VIEUX TAMBOUR

Illustrations de

JOB

MAISON ALFRED MAME ET FILS

TAMBOUR BATTANT !

Il a été tiré de cet ouvrage un seul exemplaire

sur papier des Manufactures impériales du Japon, auquel sont jointes

les aquarelles originales de Job.

LOUIS SONOLET

TAMBOUR BATTANT!

MÉMOIRES D'UN VIEUX TAMBOUR

(1792-1918)

ILLUSTRATIONS DE JOB

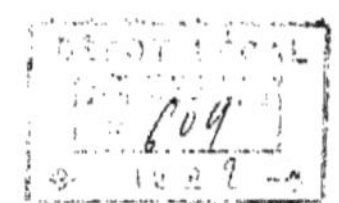

TOURS

MAISON ALFRED MAME ET FILS

TAMBOUR BATTANT!

MÉMOIRES D'UN VIEUX TAMBOUR

(1792-1918)

CHAPITRE PREMIER

LE VIEUX TAMBOUR

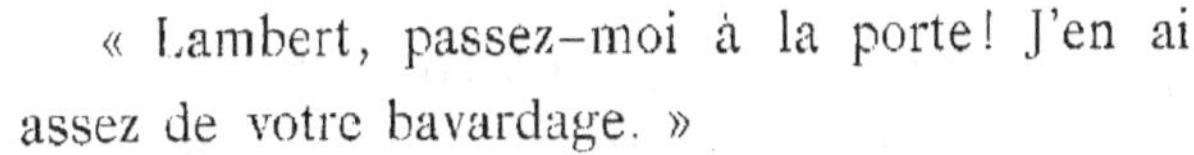

« Lambert, passez-moi à la porte! J'en ai assez de votre bavardage. »

Lentement Lambert remit dans ses poches une foule d'objets qui en étaient sortis : billes, toupie, ficelle, pain et chocolat. Puis, après avoir enfoncé ses doigts dans les mèches rebelles de ses cheveux, il quitta son banc et se dirigea vers le seuil de la classe. Là il s'arrêta en maugréant :

« Si c'est pas malheureux! Ce sont toujours les mêmes qu'on prend pour têtes de Turc.

— Vous raisonnez, je crois? fit le professeur.

— I —

— Dame, je suis une créature raisonnable. »

Sur cette noble déclaration, il se rendit chez le censeur. Celui-ci l'apostropha sévèrement :

« Comment, Lambert, encore vous! Ça ne peut pas durer, mon garçon, et je vais écrire à votre famille. En attendant, vous allez remettre ce billet à un des maîtres de la permanence. Et il vous conduira à la classe de réserve, où vous attendrez mes instructions.

— C'est bon, fit Lambert. On y va... »

Cinq minutes après, il était enfermé dans la classe de réserve, plus connue au lycée sous le nom de capharnaüm.

C'était une vaste pièce qui servait à la fois de dépôt et de débarras. On y voyait des bancs et des pupitres entassés les uns sur les autres, des cartes et des tableaux noirs mis hors de service, de vieilles chaires réformées. C'était là aussi que les domestiques mettaient leurs balais, leurs seaux, leurs plumeaux et tous les ustensiles de service journalier. Il y avait en outre beaucoup de poussière et pas mal de toiles d'araignées.

Lambert s'assit sur un coin de banc, puis, la tête sur un pupitre, il se mit à rêvasser. Vraiment, ce n'était plus tenable, sa vie au lycée. Ah! ça allait produire un brillant effet, cette lettre à sa famille! Il voyait d'ici la colère de son père, le colonel, un héros de la grande guerre de 1914. Et ses vacances de Pâques! Supprimées, pour sûr. Et ses petites cousines Marthe et Juliette, avec quels airs méprisants elles allaient dire :

« Si c'est comme ça que Riquet espère aller à Saint-Cyr! »

Car Henri Lambert voulait être soldat, comme son père, comme tous les siens. Mais, bien qu'il eût déjà treize ans, il n'avait encore montré à ses professeurs que des qualités de cancre indiscutables, et il était fort douteux qu'il arrivât jamais à coiffer le joli schako bleu à plumet blanc et rouge. Ah! ce serait si gentil pourtant de se montrer ainsi à Marthe, à Juliette, à toute la famille, aux camarades béants d'admiration!

Tristement Lambert regardait briller l'azur limpide d'avril à travers les vitres sales du capharnaüm, quand il s'entendit appeler par une bonne grosse voix aux vibrations un peu sourdes et prolongées :

« Riquet! Riquet! tu n'es qu'un paresseux.

— Allons, bon! grommela le captif, voilà déjà papa qui vient me savonner la tête. Je ne bouge pas.

— Mais non, ce n'est pas ton père. C'est moi, le tambour, le vieux tambour du lycée qui suis là par terre, à côté de toi. »

Pour le coup, Lambert sursauta. Un tambour qui parlait, c'était trop farce! Il écarquilla les yeux pour mieux regarder, et il aperçut en effet, tout près de lui, le tambour sur lequel un domestique roulait plusieurs fois par jour les différents mouvements d'élèves : levers douloureux, études mornes, récréations tant désirées.

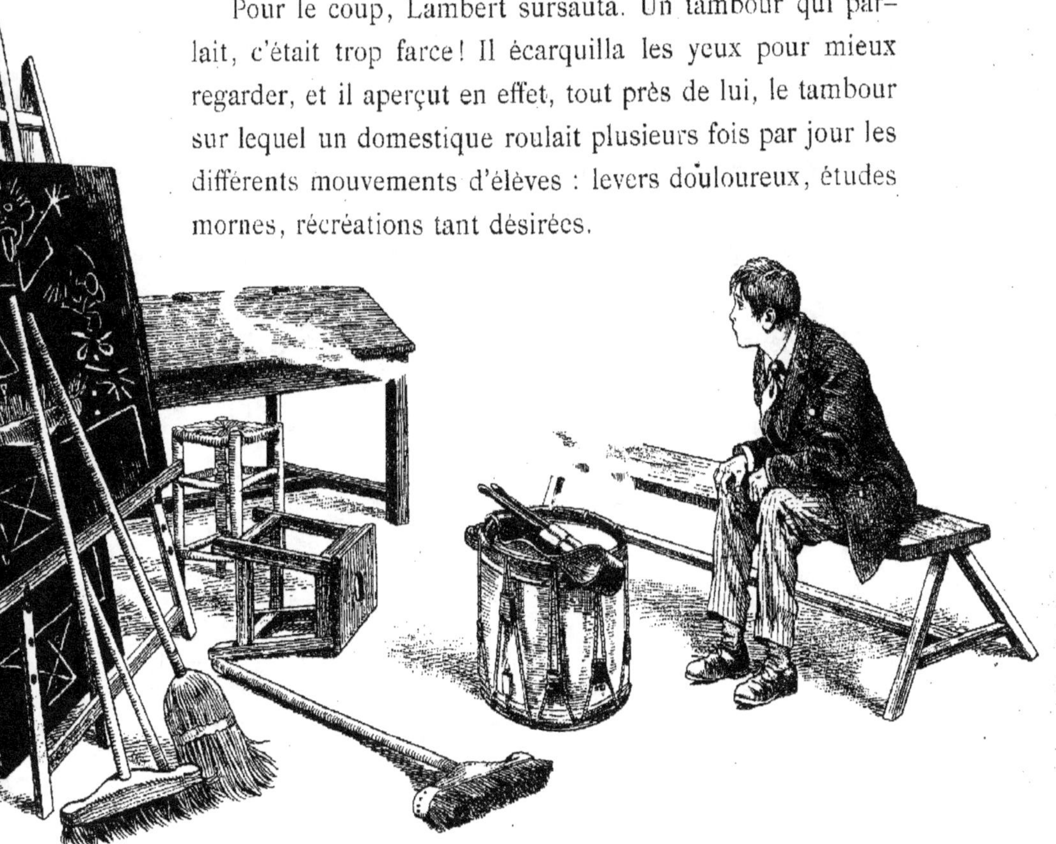

Lambert ne s'étonnait pas facilement, en quoi il avait peut-être l'étoffe d'un grand capitaine. Après une seconde de stupeur, il donna une chiquenaude amicale sur la peau d'âne du tambour.

« Eh bien ! mon vieux, tu peux dire que je suis esbrouffé.

— Et tu le serais encore joliment plus, petit Riquet, si je te racontais mes campagnes.

— Tes campagnes? La cour des grands et le couloir des petits ! Ah ! non, passez-moi un peu les campagnes de mossieu !

— Je te prie d'être plus respectueux, Riquet, pour un vétéran, un vieux de la vieille, tu m'entends. Et, tiens, au lieu de te désoler pendant le temps que tu as à passer ici, tu ferais bien mieux d'écouter mes souvenirs. Cela te distraira d'abord, et puis qui sait si ces pages glorieuses ne te donneront pas un peu l'envie de travailler et de réussir?

— Oh ! ça, mon vieux, ce sera très dur ! Tout de même, c'est pas ordinaire, un tambour qui veut me raconter des histoires ! Ah ! ah ! j'en rirai jusqu'à ma retraite. »

Lambert employait volontiers les expressions paternelles.

« Eh bien ! reprit le tambour, tu m'écoutes?

— Mais oui ! Cric, crac, sabot, cuillère à pot ! Vas-y de tes aventures. »

Et le vieux tambour commença.

CHAPITRE II

Mes souvenirs les plus lointains me reportent au milieu de la Charente. Ma peau figurait alors sur le dos d'un bon vieil âne, d'un *mistu*, comme on dit dans le pays. Un jour, un gros rougeaud qui avait une ceinture tricolore vint trouver le propriétaire de l'âne, un brave homme de paysan.

« Citoyen, il faut me vendre ton âne, au nom de la Nation.

— Et pourquoué donc, bounes gens?

— Parce qu'il faut vaincre les ennemis de la patrie. Pour vaincre,

il faut des soldats. Pour les entraîner, il faut des tambours. Pour faire des tambours, il faut des ânes. As-tu compris? »

Il faut te dire, petit Riquet, qu'on était en 1792 et que tout servait à se défendre contre l'étranger. On fondait les cloches pour en faire des canons. Les grilles de jardin devenaient des piques. Le plomb du vieux château, le fer des socs de charrue étaient jetés au creuset pour être

transformés en armes. Et moi, je fus bientôt un beau tambour lui-
sant et sonore. Ma peau était fine et blanche comme celle d'une jeune

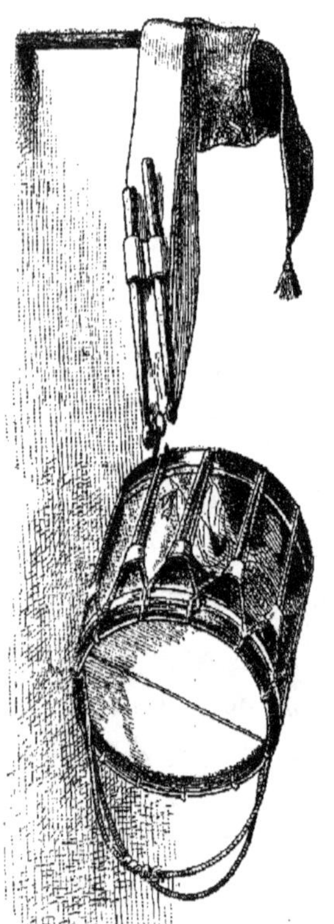

fille. Et sur ma caisse, on avait peint les armes de
la Nation avec la fière devise : *Liberté, Égalité,
Fraternité, ou la Mort!*

Je pris bientôt la parole en public : Plan, plan,
ran, plan, plan. Ce fut dans une occasion solennelle. Je me trouvais sur le terre-plein du Pont-
Neuf. On y avait installé une estrade, et sur l'estrade
était dressée une tente ornée de banderoles tricolores et de feuilles de chêne entrelacées. Sur le
devant de la tente, une large bande d'étoffe portait ces mots : *Citoyens, la patrie est en danger!*

Six notables et trois officiers municipaux rece-
vaient là les engagements volontaires, pendant qu'un
enragé petit tapin de treize ans tapait comme un
sourd sur ma peau neuve. D'abord, ça me faisait
souffrir terriblement; mais je finis par m'y habituer
peu à peu. Il fallait bien me résigner, puisque ma
destinée était d'être battu toute ma vie!

(Un grondement caverneux roula dans l'air du capharnaüm. C'était le tambour qui soupirait.)

« Pauvre ami! fit Lambert d'un ton compatissant. Heureusement que tu as la peau dure. »

Ah! si tu avais vu cet enthousiasme! continua le tambour rassé-
réné. Les vieillards, les enfants, les infirmes, les prêtres, tout le
monde voulait courir aux frontières. Un jour je vois arriver un tout
petit bout d'homme. Il aurait pu se cacher dans ma caisse, bien sûr.

« Je veux m'engager, dit-il.

— Mais, citoyen, tu es trop petit, répondirent les municipaux en souriant. Tu vois bien que tu n'as pas la taille.

— Est-ce qu'il y a une taille pour mourir ? » répliqua fièrement le brave petit homme.

Et les municipaux firent comme il le voulait.

En moins de huit jours, dix mille sept cents volontaires étaient armés et prêts à aller former le camp de Soissons. J'y fus envoyé, moi aussi, avec mon enragé petit diable de tapin.

Celui-ci s'appelait Fanfan Pluchon et il était du faubourg du Temple. J'aurais voulu que tu le voies, Riquet, avec son grand coquin de bonnet de police sur l'oreille, son habit de garde national trois fois trop grand, son pantalon à raies tricolores rapiécé aux deux genoux et ses souliers éculés où la pluie entrait comme chez elle. Il avait replié ses manches trois ou quatre fois sur ses poignets pour pouvoir exécuter tout à l'aise ses ra et ses

fla. Ses cheveux tombaient en longues mèches blondes sur ses yeux
pétillants de malice. Son petit nez poignardait le ciel. Il déclarait
d'ailleurs que, bien qu'il fût tambour, il avait le droit de posséder
un nez en trompette. Avec ça, brave
comme un sabre, et le cœur sur la
main. Ah! je l'aimais bien, mon petit
Fanfan!

Avec quelle ardeur il tambourinait
pendant les dures étapes que nous faisions à travers la Champagne! Il y avait
surtout un air qui le transportait, et il fallait
voir alors ses baguettes tomber dru sur ma
peau. C'était un fier chant de guerre qu'un
officier de l'armée du Rhin avait composé en
une seule nuit. Comme les volontaires de Marseille avaient été les premiers à le chanter, on
l'appelait la *Marseillaise*. Mais les volontaires
de Paris le lançaient plus gaillardement encore,
comme un défi à l'envahisseur. Notre capitaine surtout en raffolait :

« C'est un chant qui a des moustaches,
disait-il. Il est fait pour nous commander. »

L'Europe presque entière s'était coalisée contre la France. Mais
l'ennemi contre lequel nous marchions était le plus acharné
de tous. C'était cette perfide et jalouse race des Allemands,
notre adversaire irréconciliable de toujours ; c'étaient ces Prussiens que je devais retrouver si souvent en face de moi au
cours de ma longue carrière. On ne les appelait pas encore les

Boches; mais ils ressemblaient de tout point à leurs féroces descendants.

Le général Dumouriez nous fit occuper les passages de la forêt d'Argonne.

. « Ce sont les Thermopyles de la France, avait-il dit la veille à son aide de camp Thouvenot. Si je puis y être avant les Prussiens, tout est sauvé. »

Le défilé du Chesne-Populeux ayant été forcé par le duc de Brunswick, nous fîmes une série de marches et de contre-marches épuisantes.

Les volontaires commençaient à maugréer, disant qu'on les fatiguait inutilement; mais ils se taisaient en voyant la belle tenue des régiments de ligne qui étaient là avec leurs vieux uniformes blancs de l'armée royale. Enfin, un soir, à la nuit tombante, nous arrivâmes au pied d'un grand moulin, au centre du plateau de Valmy.

L'action s'engagea le lendemain matin, 20 septembre. Il faisait un terrible brouillard, si bien que mes cordes se détendirent et je résonnais à faire pitié. Mais, vers 10 heures, le soleil chassa les dernières brumes et une terrible canonnade commença entre les deux armées. Une pluie de projectiles vint s'abattre sur nous, faisant sauter des caissons, jetant notre général Kellermann à bas de son cheval, semant un moment le désordre dans les rangs des volontaires parisiens. Mais ils se reformèrent promptement sous le feu et firent une superbe contenance.

« Eh bien! ça va, Fanfan? demanda un de nos officiers à mon petit tambour.

— Ça va, citoyen lieutenant. J'ai salué les premiers boulets, histoire d'être poli; mais maintenant que j'ai fait connaissance, je m'dérange plus. »

Soudain, voici d'épaisses colonnes qui s'avancent; mais l'ordre court parmi nous de les laisser approcher et de les aborder à l'arme blanche, quand elles ne seront plus qu'à vingt mètres. Le général Kellermann arrive au galop, puis, mettant au bout de son sabre son chapeau à grand plumet tricolore, il s'élance vers l'ennemi, en s'écriant :

« Vive la Nation! Allons vaincre pour elle! »

Un frisson d'enthousiasme parcourt nos rangs. En une seconde, les chapeaux sont arborés au bout des baïonnettes, les tambours battent la charge, la *Marseillaise* sort de toutes les bouches, et les Prussiens épouvantés se replient devant ceux qu'ils appelaient les cordonniers et les tailleurs. Ils sont chargés jusque dans leurs camps, aux cris mille fois répétés de « Vive la Nation! »

Cette attaque impétueuse, cet enthousiasme intrépide suffirent à décourager les tentatives de l'envahisseur. En une seule journée, la France se trouvait délivrée. Le soir de cette journée mémorable, le grand poète allemand Gœthe, qui accompagnait à l'armée ennemie son ami et protecteur le duc de Weimar, déclara à quelques officiers prussiens :

« Notez bien ce jour, car de lui date pour le monde une ère nouvelle. »

« Ah! s'écria Lambert, ils en avaient un fier toupet, les volontaires de 92! »

Certes, on n'en manquait pas à l'armée de Dumouriez, non plus qu'à l'armée de Sambre-et-Meuse, où je passai ensuite avec Fanfan. Ce qui manquait plutôt, c'étaient les souliers, l'argent et même le pain. Aussi un de nos généraux écrivait-il au ministre de la Guerre :

« Mes lapins n'ont pas de pain.

« Pas de pain, pas de lapins.

« Pas de lapins, pas de victoires.

« Arrange-moi ça. »

Le ministre n'arrangea rien du tout, et il fallut vivre sur le pays. Pas très gras, le pays. Et ceux de mon bataillon furent joliment satisfaits le jour où on les incorpora à la 32e demi-brigade, qui allait faire campagne en Italie.

CHAPITRE III

ARCOLE

Ah! cette Italie, petit Riquet, quel pays du bon Dieu! Nos hommes étaient encore plus mal chaussés qu'à l'armée de Sambre-et-Meuse; mais ils trouvaient du pain, des vivres, du vin à bouche que veux-tu. Et puis on faisait fête au troupier. Les belles dames nous applaudissaient aux balcons de leurs palais de marbre. Aussi vivait-on insouciant et heureux au bon soleil, sans souci des vieux chapeaux déformés, des pauvres défroques rapiécées. Notre chef de bataillon et notre lieutenant n'avaient même qu'un seul pantalon à eux deux. Chacun le portait à son tour, tandis que l'autre endossait une longue capote qui lui descendait au-dessous du genou.

Et toute cette misère ne faisait pas peur à la victoire, je t'assure. On aurait dit que notre général l'avait prise en croupe. Il fallait voir comme il la promenait tambour battant à Montenotte, à Millesimo, à Dego, à Mondovi, à Lodi, à Lonato, Castiglione, Roveredo. Bassano, Saint-Georges, que sais-je encore!

Nos hommes de la 32ᵉ en raffolaient de ce petit blanc-bec de vingt-sept ans qui était sec comme mes baguettes, avec un regard d'aigle et de longues mèches plates de cheveux noirs. Carnot et Barras l'avaient envoyé en Italie en disant : « Il est possible que ce petit Bonaparte fasse quelque chose. » Par plaisanterie, nos grenadiers l'avaient nommé caporal après la bataille du pont de Lodi, et toute l'armée lui donnait ce nom familier : le *Petit Caporal.*

Nous étions à Vérone, quand, un matin, à l'aube, l'ordre du départ est donné. A la grande surprise des habitants et de la troupe, nous sortons par la porte de Milan : c'est la route de France, la route de la retraite! Mais non, à peine arrivés hors des murs de la ville, nous tournons brusquement à gauche, dans la direction de l'ennemi. C'est encore un bon tour de notre petit Bonaparte. La joie au cœur, l'armée passe un pont de bateaux sur le Ronco, puis elle s'avance vers le village d'Arcole.

On y arrive par un pont qui passe sur les marais de l'Alpone. Ce pont a été fortifié formidablement par les Autrichiens. Derrière les retranchements, les tirailleurs croates font un feu d'enfer. De rudes tireurs, ces Croates, qui visent les grosses épaulettes et ne manquent jamais leur homme. Et du canon, des boulets, de la mitraille! N'importe! on s'engage sur le pont au pas de charge. Lannes et Augereau sont en tête; mais les hommes hésitent sous le feu qui redouble. Les premiers pelotons sont écrasés. Les autres lâchent pied pour se replier derrière un terrassement et tirailler à couvert.

Mais Bonaparte accourt :

« Hé quoi! soldats, s'écrie-t-il, vous reculez? N'êtes-vous plus les braves de Lodi? »

Des acclamations enthousiastes lui répondent :

« En avant! en avant! »

Il saute à bas de son cheval, saisit un drapeau et court vers le pont, en criant :

« Suivez votre général! »

Puis, impassible sous la tourmente de mort, il se retourne :

« Un tambour! demande-t-il, un tambour pour battre la charge! »

Des tambours, il ne doit plus en rester sous cette pluie de balles et de mitraille. Pourtant une voix grêle s'élève :

« Moi, moi, citoyen général! »

C'est mon brave petit Fanfan qui s'élance à côté de Bonaparte et qui se met à me cingler la peau de toutes ses forces. Les balles sifflent : pchiitt! pchiitt! le canon tonne : boum! boum! Mais ma voix n'en retentit pas moins entraînante et fière dans le charivari de la bataille : plan, plan, rataplan! Fanfan est superbe. Il entraîne de la voix et du geste les vieux grenadiers qui n'osent plus avancer.

« Allons, *les tapoils*, vous savez bien qu'il n'y a que les têtes mal assurées qui tombent au jeu de massacre! »

Lannes, qui a déjà été blessé deux fois, accourt tout sanglant de l'ambulance. Il s'est jeté à bas de son lit, en apprenant le danger que court Bonaparte. Celui-ci agite toujours son drapeau dont les plis sont bientôt criblés de balles. Son aide de camp Muiron est tué, en lui faisant un rempart de son corps. Le sergent Brion, de la 14ᵉ, atteint d'une balle en pleine poitrine, meurt en refusant les soins de ses camarades :

« La patrie ne vous appelle pas, leur dit-il, pour faire l'office d'infirmiers. Battez l'ennemi, et je meurs content. »

Fanfan bat toujours la charge, les cheveux au vent, son petit nez

de Parisien narguant les balles. Il est à vingt pas en avant des autres,
avec Bonaparte et son drapeau. On les dirait invulnérables; mais,
derrière eux, tous les coups portent ; les bonnets à poil s'affaissent
et disparaissent. Lannes, blessé une troisième fois, tombe inanimé.

L'hésitation recommence. Malédiction! voilà qu'on recule! Bonaparte, entraîné par le mouvement, remonte à cheval. Un flot d'hommes mitraillés, affolés l'emporte malgré lui, et soudain le cheval, le cavalier, Fanfan et moi, tout ça culbute pêle-mêle dans le marais.

Le général est embourbé jusqu'à la ceinture. Fanfan se débarrasse de moi prestement, se hisse en s'appuyant sur ma caisse, s'accroche à un pilier du pont et allonge le bras vers Bonaparte :

« La main? citoyen général.

— Merci, tapin. Tu peux être sûr que je ne t'oublierai pas. »

Le voilà de nouveau sur le pont. Nous sommes si sales, tous les trois, qu'on ne nous prendrait pas avec des pincettes. Mais, bah! la gloire embellit tout, même la boue.

Il fallut encore deux jours pour s'emparer de ce terrible pont et des retranchements qui le défendaient. Pendant deux jours encore, ça chauffa dur sur tous les points du champ de bataille, dans les marais, sur les digues, dans les villages de Ronco, Porcile et Albaredo.

Le dernier jour, ma brave 32ᵉ se couvrit de gloire. Elle était embusquée derrière des massifs de roseaux et de saules, lorsque passent devant nous trois mille Croates et chasseurs tyroliens lancés à la poursuite de notre 75ᵉ demi-brigade. Ils défilent devant notre front sans nous voir; mais, quand ils sont bien tous sur la pointe de nos baïonnettes, notre général Gardanne lève son sabre et la charge retentit. En un clin d'œil, nos hommes sortent des roseaux, tombent sur les Croates en flanc et les expédient à grands coups de fourchette dans l'autre monde. Ah! ah! il n'en est pas revenu beaucoup dans leur pays de sauvages!

Le lendemain, en passant l'inspection de ses troupes, Bonaparte s'arrêta devant nous.

« J'étais tranquille, dit-il, la brave 32ᵉ était là. »

Paroles mémorables qui furent désormais écrites en lettres d'or sur notre drapeau.

Puis il demanda :

« Où est le petit tambour qui a si bien battu la charge et qui m'a aidé à sortir du marais?

— Me v'là, citoyen général, dit Fanfan Pluchon.

— Eh bien! petit, tu es un brave. Berthier, continua-t-il en

se tournant vers son chef d'état-major, inscris-le de suite pour une paire de ba-guettes d'honneur. »

Des baguettes d'honneur, avec de belles lettres d'argent! Fanfan n'en pouvait croire ses oreilles. Tout le jour il se promena dans le bivouac, racontant à tous son bonheur.

Près des voitures, il aperçut Mˡˡᵉ Fanchon, la vivandière de notre bataillon. Elle était gentille à croquer avec son spencer rouge de hussard et sa jupe presque aussi rapiécée que les habits de ses camarades. Assise à terre, elle écrivait sur ses genoux, ce qui paraissait la mettre très mal à son aise.

« Hé! mam'zelle Fanchon, vous faut pas un pupitre?

— Ma foi, m'sieu Fanfan, c'est pas de refus. »

Et voilà mon propriétaire qui me pose devant la jeune fille. Elle s'agenouille devant moi et, après un sourire de remerciement à Fanfan, elle pose sa lettre sur ma peau d'âne et continue d'écrire à sa mère, une brave marchande des quatre-saisons de la rue de l'Estrapade. Je ne pouvais lire qu'à l'envers ce qu'elle écrivait, mais je suis tout de même arrivé à saisir des phrases comme celles-ci :

« Envoie-moi un peu d'argent pour que je puisse m'acheter un beau voile à raies de couleur, comme en portent les Italiennes... Et puis, j'ai vu à Vérone de petits fichus de soie, des amours!... »

Ce soir-là, poursuivit le vieux tambour, Fanfan s'endormit bien heureux, la tête sur son sac, qu'il avait appuyé contre moi. Il n'y a rien de tel que ces nuits d'Italie à la belle étoile pour vous amener de beaux rêves.

Mon petit tambour revit plus d'une fois ses baguettes d'honneur encadrant la jolie tête brune de Fanchon. Car il avait ses beaux seize ans, notre Fanfan, et Mlle Fanchon n'en avait, ma foi, pas beaucoup plus de dix-sept.

CHAPITRE IV

Après Arcole, les victoires succédèrent aux victoires. Les Autrichiens se virent houspillés de la belle façon à Rivoli, à la Favorite et en tant d'autres endroits que je n'aurais jamais le temps de le raconter. Je veux en venir tout de suite à ma belle campagne d'Égypte. C'est là qu'il m'arriva une des aventures les plus incroyables de ma carrière : je fus battu par un général.

« Par un général ! » s'écria Lambert.

Oui, écoute plutôt. Nous traversions le désert de Damanhour pour marcher sur le Caire. De ma vie, je n'ai vu d'étape plus cruelle. Un soleil de plomb dardait ses rayons, brûlant les yeux, séchant les gorges, semant les insolations. Les hommes marchaient péniblement dans des terres mouvantes où ils enfonçaient jusqu'à mi-jambe. Un simoun de feu lançait des tourbillons de sable qui venaient encore torturer davantage les bouches desséchées et les paupières rougies. La soif brûlait tous les gosiers, le désespoir poignait tous les cœurs. Lannes et Murat eux-mêmes avaient jeté leurs chapeaux par terre et les piétinaient avec rage sur le sable. Les hommes se couchaient, insensibles à tous les reproches. L'armée allait périr dans cet enfer de désolation.

« Il faut les sauver, se dit Bonaparte toujours impassible et ferme malgré la soif et la souffrance. Allons! tambours, s'écria-t-il, battez-moi une de nos joyeuses marches d'Italie. »

Mais, accablés, les bras morts, la tête basse, les tambours ne répondirent pas. Quant à Fanfan, il n'était pas là. Il avait été blessé à l'avant-garde, dans une escarmouche avec les Bédouins, et il suivait l'armée étendu au fond d'une charrette.

« Eh bien! tambours? » demanda encore Bonaparte d'une voix impérieuse.

Pas de réponse. Les tambours épuisés ne pouvaient plus faire un effort.

« Comment! tambours, vous refusez d'obéir! s'exclama le général en chef d'une voix où commençait à monter la colère. Alors je ne vous connais plus. Vous n'êtes plus les tambours de Lodi, d'Arcole et de Rivoli. Eh bien! d'autres vont prendre votre place. Allons, mes braves, continua-t-il en s'adressant à tous, n'y a-t-il pas parmi vous des volontaires qui sachent nous battre sur la caisse quelque marche bien entraînante? Nos femmelettes de tapins ne sont plus bons à rien. »

Un grand gaillard aux yeux bleus, aux longs cheveux bouclés s'avança vers Bonaparte. Il portait l'habit à grands revers et le haut panache de général.

« J'essaierai, si tu veux, citoyen général en chef.

— Comment, toi, mon brave Castaing? répondit Bonaparte tout surpris. Mais tu n'y penses pas?

— J'y pense, au contraire, citoyen général en chef. J'ai été jadis

tambour dans les armées du roi. Depuis j'ai fait mon chemin. Mais ce n'est pas déchoir, je pense, que de battre comme général pour la République une et indivisible.

— Qu'on lui donne un tambour et qu'il nous sauve! s'écria Bonaparte. Général Castaing, la Nation te remercie par ma bouche. »

Vite, on va chercher un tambour pour Castaing, et c'est moi qu'on lui apporte. Ah! j'étais fier, Riquet, d'être battu par ce brave. Il y allait de bon cœur, je t'assure, et l'on n'aurait pas dit qu'il avait quitté le métier depuis dix ans. Aussitôt, toute l'armée releva la tête. Les tambours honteux se rangèrent derrière lui, et ils se mirent à battre à l'unisson, oubliant la soif et le soleil de mort. Et nous arrivâmes ainsi aux confins du terrible désert de Damanhour.

Deux jours après, nous étions dans l'immense plaine des Pyramides, où Mourad-bey nous attendait avec ses terribles Mamelucks Ils avaient établi un formidable camp retranché entre Giseh et Embabeh, le long de la rive gauche du Nil. Toutes leurs richesses y avaient été accumulées et toutes leurs forces s'apprêtaient à nous assaillir. Bonaparte se dit qu'il fallait les exterminer d'un seul coup.

« Soldats, proclama-t-il sur le front des troupes avant la bataille, vous êtes venus dans ces contrées pour les arracher à la barbarie et soustraire cette belle partie du monde au joug de l'Angleterre. Nous allons combattre. Songez que, du haut de ces pyramides, quarante siècles vous contemplent. »

Ce jour-là, bien qu'encore très faible, Fanfan avait demandé à reprendre sa place dans le rang. Au moment où le général en chef prononçait ces immortelles paroles en montrant les colosses de pierre, il se sentit pousser le coude par son voisin, le grenadier Lamiche.

« Dis donc, tapin, toi qu'es de Paris, explique-moi donc la chose.
J'ai beau m'écarquiller les yeux, j'vois pas tant seulement la queue
d'un siècle là-haut.

— Mais, ma pauv'vieille, répondit Fanfan, le général a parlé
de siècles finis, de siècles morts, comme qui dirait des fantômes
de siècles... Et tu sais bien que les fantômes, c'est pas visible à
l'œil nu.

— Sufficit! on a compris. J'savais bien que le P'tit Caporal il voulait pas s'ficher d'nous. »

La bataille fut terrible. Bonaparte avait disposé chacune de ses
divisions en carré, avec l'artillerie aux angles, l'état-major et les
cavaliers démontés au milieu. Ces carrés devaient s'avancer peu à
peu pour jeter l'ennemi, son artillerie et ses bagages dans le Nil.

Dès le début de l'action, Mourad-bey lança huit mille cavaliers
sur nos petits fantassins qui les attendaient vaillamment, sur six
rangs, prêts à faire feu. Un flot de Mamelucks richement parés,
couverts d'or, de pierreries, de soie, se précipitent sur leurs petits
chevaux barbes, le cimeterre à la main. Ce sont des armes de
Damas, au tranchant merveilleux, qui font voler les têtes et coupent
d'un seul coup une baguette de mousqueton.

Ils arrivent à un galop furieux, enlèvent sur nos rangs leurs chevaux blancs d'écume, lancent à toute volée leurs coups de sabre...
Mais là leur élan se brise. « Feu! » crient les voix des officiers. Un
mur de flamme s'élève entre les combattants, jonchant le sol de
chevaux sanglants et de cadavres aux couleurs éclatantes.

Les divisions Desaix et Régnier sont attaquées les premières.
Bientôt les autres carrés sont assaillis à leur tour par des multitudes
de ces cavaliers intrépides, les premiers du monde. Mais nos soldats

restent stoïques et impassibles, sans offrir la moindre brèche aux
efforts désespérés des Mamelucks. On les dirait soudés ensemble. Et
l'on s'avance peu à peu, resserrant l'ennemi, l'acculant au Nil. Puis
voilà Junot et ses guides qui s'élancent, répondant aux coups de
taille des cimeterres par de furieux coups de pointe à la française.
Et bientôt l'ennemi est en pleine déroute, nous laissant un butin
énorme dans son camp.

Ah! ce fut une belle soirée! Fanfan trouva, pour sa part, deux
belles robes de soie et trois colliers de perles, qu'il alla offrir immédiatement à la jolie vivandière Fanchon. Les braves de la 32e s'installèrent confortablement au milieu de toutes ces merveilles d'Orient,
et l'on y fut à ravir pour chanter les vieilles chansons de France.

Un général à jambe de bois s'approcha des joyeux compères. Il
s'appelait Caffarelli-Dufalga.

« Eh bien! camarades, leur dit-il, on ne se plaint plus?

— Oh! non, citoyen général. »

Et dès qu'il eut le dos tourné, les soldats ajoutèrent en riant :

« Je comprends qu'il ne se plaigne pas, lui. Il a toujours un pied
en France! »

CHAPITRE V

LE SIÈGE DE GÊNES

Deux ans après, changement de décor. J'étais de nouveau en Italie. Mais, cette fois, l'abondance ne régnait plus. Ah! heureusement qu'un tambour ne se nourrit que de bruit, sans quoi j'eusse été bien malheureux dans cette ville de Gênes où Masséna soutint une résistance héroïque contre les Autrichiens et la flotte anglaise de l'amiral Keith.

Dès le début du siège, les vivres manquèrent. On voyait les soldats arracher des herbes pour ajouter un peu à leur pitoyable ration. Masséna résolut alors de chasser ces maudits Autrichiens au delà des positions avancées de Gênes et de tenter l'impossible pour se relier au général Suchet, dont il avait été brusquement séparé. Mais, malgré la valeur de nos troupiers et la reprise de plusieurs positions importantes telles que le fort de Querzy, il fallut se laisser enfermer dans Gênes et attendre une armée de secours.

C'est alors que la famine devint effroyable. D'abord, Masséna avait fait saisir tous les grains de blé qui se trouvaient chez les par-

— 25 —

4

ticuliers. Il en trouva à peine pour quinze jours, et il fallut se
rabattre alors sur le seigle et l'avoine. Mais bientôt cette triste res-
source ne tarda pas aussi à faire défaut. Quelle misère, mon pauvre
Riquet! Je verrai toujours ces figures livides, ces corps décharnés
se traînant dans les rues de Gênes, et ces émeutes sanglantes de
femmes qui parcouraient la ville en demandant des vivres. La popu-
lation se nourrissait d'herbe et de son. L'armée ne se nourrissait
plus que d'un horrible pain fait de cacao, d'amidon et de graine
de lin.

Nos soldats faisaient tout ce qu'ils pouvaient pour améliorer ce
triste ordinaire. Ils maraudaient de leur mieux, souvent au risque de
leur vie, allant remplir leurs gamelles jusque dans les lignes autrichiennes et rapportant avec vénération les plus humbles trouvailles.

Mon ami Fanfan Pluchon était de première force à cet exercice.
Mais il était devenu prudent, car au début il s'était vu enlever de
force un poulet, du pain, même des carottes, par des affamés dépour-
vus de scrupules. Or il fallait vivre pour soi à Gênes, avant de penser aux autres. Aussi Fanfan avait-il trouvé une cachette ingé-
nieuse... Devine un peu, Riquet?

Eh bien! c'était moi, son tambour, qui lui servais de garde-man-
ger. Il enlevait ma peau d'âne de dessus, installait au fond la maigre
pitance conquise au prix de tant de peine, puis il remettait la peau,
serrait les vis, et le tour était joué.

Ce n'était pas pour lui que Fanfan prenait toutes ces précautions.
Oh! non, il avait trop bon cœur, le brave tapin. Mais il avait une
autre bouche, une jolie bouche à nourrir, celle de Fanchon la vivandière. La pauvrette n'avait plus ses belles couleurs roses. Fanfan se
désolait de voir ses joues maigres et pâles. Et c'était surtout pour

elle qu'il allait fureter hors des remparts, tout heureux de voir s'allumer à son retour les yeux brillants de fièvre de la jeune fille.

En revenant de la sortie de Monte-Creto, il accourut près d'elle, l'air ravi.

« Mam'zelle Fanchon, devinez un peu ce que j'ai là pour vous dans mon tambour?

— Mais j'sais pas, m'sieu Fanfan.

— Des pommes de terre! mam'zelle Fanchon, des pommes de terre!

— Comment! c'est vrai? des pommes de terre! Oh! quel bonheur! Nous allons les faire cuire sous la cendre! Oh! m'sieu Fanfan, comment vous remercier?...

— Dame,... vous le savez bien, mam'zelle Fanchon... Je vous ai déjà touché deux mots rapport

à un mariage quand on aura fait la paix avec ces chiens de Kaiser-licks...

— Eh bien! ça se pourra peut-être, m'sieu Fanfan.

— Ah! ce sera une belle noce, je vous assure. Nous en aurons-t-y des beaux plats, des belles volailles et des pièces de viande grosses comme ça. »

Fanfan s'exaltait à ce spectacle, hélas! si lointain, et ses yeux creusés de pauvre affamé brillaient d'éclairs de gourmandise. Fanchon reprit doucement :

« En attendant, nous pourrions toujours faire cuire nos pommes de terre. »

Mais Fanfan poursuivait toujours son rêve :

« Et puis nous tiendrons la cantine tous les deux. Vous verrez, mam'zelle Fanchon, comme ça sera gentil. D'abord, il faut que nous gagnions beaucoup d'argent.

— Oh! vous savez, m'sieu Fanfan, que le métier ne rapporte pas des mille et des cents.

— C'est parce que vous avez trop bon cœur, mam'zelle Fanchon. Vous faites trop de crédit.

— Moi? Que voulez-vous, je ne sais pas refuser un verre à un brave, surtout quand il est paré des lauriers de la victoire.

— Eh bien! ma fois, je crois que je ne saurais pas non plus. Enfin ça ne fait rien. Nous serons bien heureux tout de même. »

Et il alluma le feu pour faire cuire ses pommes de terre.

La ville continuait à mourir de faim. Bientôt, il ne resta plus que deux onces de soi-disant pain par homme et par jour. Et Masséna n'avait reçu aucune nouvelle de Bonaparte, dont il attendait son unique salut! Il fallut céder à la nécessité et signer la capitulation.

Elle fut des plus honorables, car les huit mille hommes à peu près valides qui composaient la garnison sortirent de la place avec armes et bagages pour aller rejoindre le corps de Suchet. Masséna sortit par mer dans une barque portant le pavillon tricolore, sous les boulets de l'escadre anglaise. Six jours après, Bonaparte remportait l'éclatante victoire de Marengo.

« Un crâne, ce Masséna, » fit Lambert avec admiration.

Oui, un crâne! Il n'avait pas son pareil au feu, et l'Empereur l'appela plus tard *l'Enfant chéri de la Victoire*.

CHAPITRE VI

Ce ne fut que trois ans après, au mois de mai 1803, que Fanfan Pluchon épousa celle qu'il aimait. Ils étaient passés tous deux au 4ᵉ de ligne, un fameux régiment, et Fanfan m'avait apporté avec lui, bien entendu. On ne quitte pas comme ça sa vieille peau d'âne.

D'ailleurs, on m'avait fait subir une transformation qui m'avait rajeuni. Maintenant ma caisse, au lieu d'être en bois comme au temps de la Révolution, était revêtue de cuivre. Vois-tu, Riquet, c'est ce cuivre d'excellente qualité qui m'a défendu aussi longtemps contre les ravages du temps et qui me permet, après tant de campagnes, d'être encore là pour te les raconter.

Nous nous trouvions alors à Boulogne, où le premier Consul avait réuni toute l'armée en vue d'une descente en Angleterre. Ah! c'est là qu'il y en avait des troupiers et des beaux! Qui n'a pas vu une revue à Boulogne n'a rien vu. Il fallait voir ces alignements irréprochables de fantassins bleus, de grenadiers balafrés aux bonnets gigantesques, de petits voltigeurs aux grands plumets rouge et vert. Et les cavaliers étaient plus beaux encore : guides au lourd colback, cuirassiers aux flottantes chevelures, dragons verts, hussards bleus, rouges, blancs, gendarmes d'élite culottés de jaune.

La veille de son mariage, Fanfan Pluchon alla trouver son tambour-major, Marius Lambourdesque, pour le prier d'être son témoin.

Jamais, Riquet, tu n'as rien vu  d'aussi beau que Marius Lambourdesque. Il avait cinq pieds sept pouces et, pour lui parler, il fallait rejeter la tête en arrière, comme quand on regarde un monument. Sous son grand nez en bec d'aigle, ses moustaches s'éployaient largement comme des ailes. Il portait en bataille un superbe chapeau galonné dont les panaches le grandissaient encore. Ses épaulettes, ses soutaches, ses broderies, ses galons, ses hongroises, ses coutures même, et jusqu'à ses glands de bottes, tout cela était en or. Il éblouissait presque autant que ce soleil de Provence qui l'avait vu naître.

Il tirait juste vanité de sa prodigieuse dextérité à lancer sa canne en l'air à la tête du régiment, et racontait là-dessus bon nombre d'histoires un peu fortes.

« Elle s'en va si haut, si haut, disait-il, qu'elle finit par s'ennuyer dans les airs. »

Il prétendait avoir le temps de faire une pipe, et bien bourrée, pécaïre! avant qu'elle fût revenue dans sa main. Un jour, même, il l'avait lancée, paraît-il, à de si incommensurables hauteurs, qu'elle ne redescendit pas. Elle était restée accrochée à quelque nuage pour y faire une saison d'eaux, coquin de sort!

Marius Lambourdesque accueillit très favorablement la demande de Fanfan.

« Seulement, petit, il faut la rendre heureuse, cette pitchounette. Autrement je te ficherai dedans comme un tambour. »

C'était un de ses mots favoris.

La noce fut superbe. Toute la *clique* du 4ᵉ était là, en grande tenue. L'après-midi, on alla vider quelques pichets de petit réginglard dans un cabaret en planches, au bord de la mer. Et le soir, la musique du régiment fit danser tout le monde en plein air. Je fis joyeusement ma partie dans ce concert, aux mains d'un élève tambour auquel le marié m'avait confié.

On vécut tranquillement à Boulogne pendant plus d'un an, et puis, crac, un beau jour, tout le monde déballa. Le mot d'ordre était : « En route pour l'Allemagne! » Le premier Consul était devenu l'Empereur, et toute l'Europe allait plier le genou devant cet ancien petit lieutenant qui allait faire et défaire des rois à sa volonté.

Nous marchons vers le Danube avec la rapidité de la foudre.

« L'Empereur ne fait plus la guerre avec nos bras, disent les soldats, mais avec nos jambes. »

On commence par faire capituler à Ulm le feld-maréchal Mack et ses trente mille hommes. Et, un beau matin, on arrive dans les plaines glacées de la Moravie, en face du plateau de Pratzen occupé par les Russes, tout près du petit village d'Austerlitz.

La veille de la bataille, Napoléon reçoit à la grand'garde le prince
Dolgourouki, envoyé par le czar Alexandre Ier pour tenter un dernier
effort de négociation. Mais c'est un impertinent
dont le langage exprime un sans-gêne et une ou-
trecuidance qui le mettent très fort en colère. Une
fois ce parlementaire congédié, l'Empereur continue à discuter vivement avec son aide de camp

Savary, sans
remarquer que
la sentinelle du
poste est restée immo-
bile après lui avoir pré-
senté les armes.

« En vérité, s'écrie-t-il, il semble qu'ils n'ont qu'à nous avaler.

— Oh! oh! grommelle alors le factionnaire, un vieux grenadier.
nous nous mettrons en travers. »

5

L'Empereur sourit et répond au factionnaire qui n'a pas changé de position :

« Tu as raison. Nous nous mettrons en travers. »

Vers minuit, par un froid effroyable, l'Empereur va visiter les bivouacs, pour voir si tout est en ordre. Personne ne l'a aperçu, quand soudain un des feux de notre 4ᵉ de ligne vient éclairer brusquement sa figure pâle. Un caporal occupé à mettre une pierre neuve à son fusil s'écrie en reculant de deux pas :
« Tiens, le Petit Caporal ! »

Alors ce mot magique : « l'Empereur ! » se répand de bouche en bouche, bientôt suivi d'une clameur enthousiaste qui se propage de bivouac en bivouac jusqu'au centre de l'armée russe :

« Vive l'Empereur ! »

Chaque soldat veut voir son Empereur ; mais les feux s'éteignent. Napoléon ne sait même plus comment se guider. Alors, par une inspiration subite, les soldats roulent la paille sur laquelle ils couchent, l'attachent à leurs baïonnettes et y mettent le feu. Soudain quatre-vingt mille fanaux ainsi formés éclairent la nuit noire, montrant à Napoléon toute son armée qui l'acclame dans une lumière d'apothéose. Les musiques jouent, les tambours battent la charge, terrifiant là-bas les Russes, qui se sont réveillés pleins de stupeur.

Un vieux grenadier s'approche alors de Napoléon et lui dit avec une familiarité héroïque :

« C'est demain l'anniversaire de ton couronnement, mon Empereur. Eh bien ! nous t'apporterons les drapeaux et les canons des Russes. Ce sera notre bouquet de fête.

— Ah ! tu veux de la gloire, dit un autre. Eh bien ! demain on t'en flanquera. Sois tranquille, on t'en flanquera. »

Et on lui en a flanqué, je t'assure, petit Riquet. Oh! je me souviendrai toujours de ce matin radieux, avec un beau soleil d'hiver qui faisait scintiller les étangs glacés. Les batteries de la garde donnent le signal du combat, et voilà nos régiments, l'arme au bras, qui montent les pentes du plateau de Pratzen. Mon 4ᵉ de ligne est superbe avec tous ses pompons rouges, qui font comme un champ de coquelicots sur les chapeaux crânement posés. Les cuivres de la musique résonnent clair dans l'air froid. Les tambours roulent gaillardement la marche en vogue :

On va leur percer le flanc,
Ran tan plan, tirelire en plan,
On va leur percer le flanc.
Que nous allons rire!

Ah! c'est pour le coup que Marius Lambourdesque est beau et qu'il lance fièrement sa canne vers le ciel bleu. Tous ses ors le font rayonner sous le soleil comme une idole. Et le régiment monte toujours vers les masses de troupes à la longue capote. Soudain éclatent des hourras sauvages, bientôt suivis d'une terrible fusillade...

Une grêle de balles s'abat sur nous. Voilà un, deux, trois, dix, vingt tambours de Lambourdesque par terre! Seul, il reste debout, sa haute taille perçant les nuages de fumée, avec Fanfan Pluchon à côté de lui.

« Hé bé! fils, lui dit-il, nous l'avons échappé belle. Ah! çà, ils ne m'ont donc pas vu?... Il faut que ces gens-là n'aient vraiment pas le sentiment du beau. »

Et avec un geste d'adorable fatuité, Marius relève sa longue moustache.

Mais les grenadiers russes les entourent, baïonnette en avant. Fanfan s'élance, battant la charge d'une main, brandissant de l'autre son sabre-briquet rapidement dégainé.

« Té! dit Marius, il va falloir travailler. »

Alors il empoigne sa canne par le bout et, avec d'énormes mouli-

nets, il en assène des coups formidables sur le crâne des assaillants. Et la lourde pomme de métal ouvre les têtes, fait jaillir les cervelles, tandis qu'il hurle de sa basse profonde de méridional :

« De la canne ! pécaïre ! et encore de la canne ! C'est tout ce qu'il faut pour un peuple d'esclaves ! »

Épouvantés, fous de terreur, les Russes s'enfuient, laissant un rempart de cadavres autour de Marius Lambourdesque. Alors, lui, négligemment, déploie son vaste mouchoir, éponge son front à loisir et dit à Fanfan :

« Hè bé ! mon bon, c'est la première fois que j'ai si chaud un jour de gelée. »

Puis ils s'élancent de nouveau, précédant les invincibles baïonnettes du 4ᵉ. Deux lignes russes sont percées. En vain, une colonne de grenadiers moscovites arrive au secours des régiments engagés. Ils sont taillés en pièces, culbutés dans les ravins de Sokolnitz et sur les revers du plateau de Pratzen, vers la route d'Austerlitz. Dans ce combat acharné, le 48ᵉ s'empare de trois drapeaux, le 36ᵉ de treize ! Mais, grisé par la fièvre de la charge, mon bataillon se laisse entraîner à la poursuite des Russes et descend imprudemment un terrain incliné et couvert de vignes.

Tout à coup un bruit sourd retentit. La terre durcie et gelée résonne sous les pas d'une masse de chevaux qui accourent au triple galop. Ce sont des cavaliers géants, les chevaliers-gardes d'Alexandre qui viennent nous assaillir. Attention à nous ! Marius Lambourdesque envoie sa canne à toute volée dans la figure du colonel, qui est jeté du coup à bas de sa selle. Fanfan reçoit un terrible coup de sabre qui fend en deux son chapeau, mais laisse fort heureusement sa tête intacte. Notre porte-drapeau, le sergent-major Gouvion-Saint-Cyr, neveu du maréchal, reçoit quatorze coups de sabre sur la tête et sur les mains et tombe à terre. Un sous-officier veut recueillir l'aigle ; mais il est tué à son tour. Un soldat la lui prend des mains ;

aussitôt il tombe percé de coups, et les cavaliers d'Alexandre ramassent à terre l'emblème sacré !

Mais, du haut des collines de Sokolnitz, Napoléon a vu le désordre. Vite il envoie, pour nous dégager, les chasseurs de la garde, les mamelucks, les grenadiers à cheval. Une furieuse mêlée de cavalerie commence. Des coups de sabre pleuvent, des combats singuliers s'engagent, des galops effrénés se ruent dans toutes les directions.

Dès que la cavalerie a déblayé le terrain, nous nous avançons derrière elle, lardant à grands coups de pointe le régiment de la garde de Moscou que nous rencontrons au point culminant de Pratzen. Nous lui prenons ses drapeaux, enlevons en un clin d'œil une formidable batterie et vengeons ainsi glorieusement notre échec de tout à l'heure.

Il est 1 heure du soir, la victoire est décidée. Là-bas, sur les étangs glacés de Zätschan, un corps considérable de l'armée russe essaie de fuir.

« Pointez les pièces sur la glace ! » crie l'Empereur.

Aussitôt les boulets brisent la glace par larges morceaux, et l'on voit hommes, chevaux, canons, caissons s'engloutir, avec des cris déchirants, au milieu d'un tumulte épouvantable.

La bataille terminée, notre Fanfan alla trouver sa chère Fanchon.

« Eh bien ! madame Pluchon, as-tu fait bonne recette ?

— Ne gronde pas, mon homme, je n'ai pas pu faire un sou.

— Comment ! pas un sou, après un pareil coup de torchon !

— Que veux-tu, il y avait tant de pauvres blessés qui m'imploraient avec des yeux suppliants ! Je viens de donner mon dernier

verre d'eau-de-vie à un pauvre caporal auquel on coupait le bas de
la jambe, sur le champ de bataille. Il disait même que c'était la
première fois qu'il lâchait pied. »

Fanfan regardait mélancoliquement le bidon vide.

« Alors, c'est tout ce qu'on a gagné aujourd'hui?

— Eh bien! et la gloire, mon homme, qu'en fais-tu? »

Fanfan se redressa avec une dignité satisfaite.

« C'est vrai, dit-il, nous avons la gloire! »

« Mais, dis donc, mon vieux, interrompit alors Lambert, il ne
vous a rien dit, l'Empereur, pour avoir perdu votre aigle dans la
charge des chevaliers-gardes? »

Ah! il nous en a dit de dures à l'inspection après la bataille.

« Soldats, a-t-il lancé d'une voix terrible, qu'avez-vous fait de
l'aigle que je vous avais donnée et que vous m'aviez juré de défendre
jusqu'à la mort? »

Alors notre major Bigarré s'avança :

« Sire, notre drapeau a disparu dans le furieux choc de cavalerie
qu'il nous a fallu soutenir, et nous ne nous en sommes aperçus qu'entre
deux charges. Alors, sire, nous nous sommes jetés en désespérés
sur l'ennemi, et nous sommes allés conquérir ces deux drapeaux
pour vous supplier de nous rendre une nouvelle aigle en échange. »

Et sur un signe du major, deux sous-officiers sortirent du rang,
porteurs chacun d'un drapeau russe.

Cette vue calma un peu la colère de l'Empereur.

« Soldats, dit-il, pouvez-vous me jurer qu'aucun de vous ne s'est
aperçu de la prise de votre insigne, et qu'alors vous vous seriez tous
fait tuer jusqu'au dernier, plutôt que d'abandonner ce symbole sacré
de l'honneur?

— Oui, oui, nous le jurons ! répondirent tous nos braves.

— Eh bien ! dit Napoléon, j'accepte l'échange, et vous donnerai une nouvelle aigle. »

Puis, s'adressant au brave Bigarré et lui posant le doigt sur le revers de son habit qui a été coupé par un biscaïen :

« Quant à vous, *colonel*, vous irez demain trouver de ma part Berthier, qui vous remettra une rosette rouge pour boucher cette boutonnière-là. »

CHAPITRE VII

Durant les campagnes qui suivirent, nous fûmes, Fanfan et moi, de toutes les fêtes. A Iéna, nous nous retrouvâmes en face de ces Prussiens avec qui j'avais fait connaissance à Valmy et qui n'ont jamais perdu depuis lors une occasion d'attaquer la France avec toute la haine et la perfidie possibles. Ils furent superbement taillés en pièces par l'Empereur, pendant que le maréchal Davoust leur administrait une raclée non moins complète à Auerstædt. Si bien qu'il suffit d'une seule journée pour décider du sort du royaume de Prusse.

Au plus fort de la mêlée d'Iéna, Marius Lambourdesque recommença sans s'en douter le geste du grand Condé à Fribourg. Dans une attaque à la baïonnette, il lança sa canne au milieu des rangs d'un régiment prussien en disant à ceux de sa clique :

« Hé bé ! fils, il s'agit d'aller me la chercher. »

Tu penses bien, Riquet, qu'on la lui rapporta. Le régiment ennemi fut enfoncé, et Lambourdesque rentra en possession de sa chère canne en s'écriant :

« Je savais bien qu'elle me reviendrait, la mignonne ! »

On raconta ce fait d'armes à l'Empereur, qui nomma Lambourdesque tambour-major au 2e régiment des grenadiers de la garde. Il demanda à emmener à son nouveau corps Fanfan et sa femme Fanchon, et voilà comment je passai, moi aussi, à ce corps admirable qui inspirait à la fois tant de respect et de crainte : la Garde.

Nous fîmes la campagne de Pologne avec autant de peine et de fatigue que tous nos compagnons d'armes. On pataugeait dans des terrains fangeux, de véritables marécages d'une boue épaisse et gluante où l'on enfonçait jusqu'au genou. Pour faire un pas, il fallait empoigner sa jambe à deux mains et la porter en avant. Les vieux soldats eux-mêmes étaient si las et si découragés, que plusieurs se suicidèrent.

« Ah! ça, qu'est-ce qu'ils ont donc, ces grognards! » dit l'Empereur, employant pour la première fois ce mot qui devait devenir si populaire.

Enfin, le 8 février 1807, la Grande Armée finit par rencontrer les Russes en avant de la petite ville d'Eylau.

Ah! Riquet, je m'en souviendrai longtemps de cette bataille d'Eylau, d'abord parce qu'elle fut

effroyable, et ensuite parce que c'est là que Fanfan et moi nous fûmes blessés pour la première fois.

« Comment ! blessé, toi ? Tu veux rire, » s'écria Lambert ahuri.

Mais non, tu vas voir. L'action s'engagea des deux côtés par une épouvantable canonnade. Nous autres, la Garde, on nous avait placés en réserve dans un cimetière. Ah ! je n'oublierai jamais la magnifique allure de ces gaillards, qui comptaient tous plus de vingt campagnes, ni ces figures martiales tannées par tous les climats. L'arme au pied, le visage impassible, ils restaient immobiles comme des statues sous le feu d'enfer de l'artillerie, avec de la neige jusqu'à mi-jambe. Car il faisait un froid terrible, et la campagne à perte de vue semblait recouverte d'un suaire immense.

Fanfan Pluchon est là, superbe sous le bonnet d'ourson. Bien qu'il n'ait que vingt-cinq ans, il porte déjà la grosse moustache et les petits favoris comme un vrai grognard. Marius Lambourdesque, plus doré encore qu'au 4ᵉ de ligne, déclare que cet air vif lui donne envie de manger un peu de cosaque, coquin de sort ! Autour d'eux, des rangs entiers s'abattent dans la neige, des grenadiers roulent frappés à mort, sans un cri, sans une parole. C'est qu'il y a là, tout près d'eux, quelqu'un à qui ils ne veulent montrer aucune faiblesse. L'Empereur, les mains derrière le dos, se promène à petits pas dans le cimetière.

La pluie de boulets ne cesse pas, perçant les murs de l'église, brisant les branches des arbres au-dessus de la tête de Napoléon. Le lieutenant Morlay, porte-drapeau du 1ᵉʳ régiment de grenadiers, a la hampe de son aigle brisée au-dessous du bras par un obus. Les éclats tuent à côté de lui un officier et blesse les cinq sous-officiers préposés à la garde du drapeau. Tranquillement, le brave officier ramasse son aigle, l'élève au bout d'un fusil et reprend sa place de bataille.

Un autre projectile emporte la jambe d'un fourrier. Celui-ci coupe avec son sabre un peu de chair qui reste, prend deux fusils dont il se sert en guise de béquilles et se rend à l'ambulance en disant :

« J'ai trois paires de bottes au quartier de Courbevoie. J'en ai pour longtemps. »

Soudain, je sens en moi un choc épouvantable, suivi bientôt d'un déchirement douloureux qui ébranle tout mon être. En même temps, Fanfan Pluchon pousse un léger cri de douleur. Plains-moi, Riquet, plains-moi! Un obus venait d'arriver en plein sur ma peau d'âne, me traversant de part en part... Plusieurs éclats étaient entrés dans la hanche de Fanfan, qui s'affaissa sur la neige. Malgré son insistance pour rester à son poste, on le traîna au fond du cimetière, où on l'étendit sur le beau tapis immaculé. C'est de là que malgré ma cuisante blessure, je pus suivre toute la bataille.

« Pauvre tambour! pauvre Fanfan! » fit Lambert très ému.

En ce moment, Augereau prenait l'offensive, continua la victime d'Eylau; mais, aveuglé par un violent chasse-neige, il vient donner sur une formidable batterie de soixante-douze bouches à feu qui lui fauche en quelques minutes près de la moitié de son effectif. En même temps, les colonnes russes se mettent en mouvement avec de grands cris dans la direction de notre cimetière.

Napoléon appelle Murat :

« Eh bien! nous laisseras-tu manger par ces gens-là? »

Non, non, le brave Murat réunit quatre-vingts escadrons, oui, Riquet, n'ouvre pas de grands yeux comme ça, quatre-vingts! pas un de moins : dragons de Grouchy, cuirassiers d'Hautpoul, grenadiers de Lepic, chasseurs de Dahlmann. Et ce fut une belle galopade, je te jure, qui brisa l'infanterie russe, l'assaillit à grands coups de sabre et la mit en pleine retraite.

Au même instant, un bataillon de nos grenadiers se mettait en marche contre quatre mille grenadiers russes qui avaient eu l'audace de s'avancer jusqu'aux murs du cimetière, à deux pas de Napoléon. Ils les abordèrent à la baïonnette, refusant de brûler une seule cartouche, et ils les exterminèrent jusqu'au dernier homme, entassant les cadavres en bonne place : sur les tombes. Repoussés sur tous les points, les Russes nous abandonnèrent le champ de bataille.

« Et Fanfan Pluchon? demanda Lambert. Et ta blessure? »

Oh! moi, ce ne fut pas grand'chose. Deux jours après, j'avais une belle peau neuve, comme à Valmy. Tant qu'à Fanfan, ce ne fut pas très grave non plus. Quand on vint le chercher après la bataille pour le porter à l'ambulance, il secoua gaiement la neige qui le couvrait des pieds à la tête, en disant :

« J'ai pas été aussi blanc depuis mon baptême. »

Quatre mois après, l'Empereur remportait la victoire de Friedland, dont je ne te dirai pas grand'chose, Riquet, car nous fûmes en réserve durant toute la bataille. Notre général Gros disait lui-même « que la Vieille Garde s'était embêtée à rester les bras croisés toute la journée ». Le maréchal Ney se couvrit de gloire, et l'armée russe, qui avait fait une retraite honorable à Eylau, fut complètement anéantie et culbutée dans la rivière d'Alle, tandis que la ville de Friedland se consumait dans les flammes.

Le czar Alexandre Ier se vit forcé de demander la paix. Elle fut signée à Tilsitt, après une entrevue de Napoléon et d'Alexandre, qui eut lieu sur un radeau, au beau milieu du Niémen. Des conférences s'ouvrirent alors entre les souverains qui avaient pris part à la guerre. Ce fut à cette occasion que Marius Lambourdesque prononça le plus beau mot de sa carrière.

Cet excellent Méridional, qui ne s'étonnait de rien, s'était promptement habitué à la société de rang si élevé auprès de laquelle nous vivions dans cette ville de Tilsitt. A l'égard des têtes couronnées, il faisait preuve d'une indifférence assez dédaigneuse de vainqueur habitué à les voir plier devant ses exploits. Seules, les plus puissantes pouvaient invoquer quelque droit à sa considération.

Le voilà superbement campé à la tête de ses tambours, auprès de la grande entrée du palais où les souverains vont se réunir pour signer le traité de paix. Napoléon arrive le premier, pétulant. rapide, l'air heureux. Dès qu'il l'aperçoit, Marius s'écrie de sa plus belle voix de commandement :

« Tambours, battez aux champs! »

Et nous résonnâmes superbement sous les agiles baguettes des tapins. Ils y allaient de tout leur cœur, et ça fit un bruit de tonnerre.

Nous étions à peine au repos, quand nous vîmes arriver un grand bel homme à la figure ouverte et souriante, bien sanglé dans son habit vert. C'était l'empereur Alexandre. Marius fit battre aux champs de nouveau, et la batterie retentit encore, sonore, vibrante, profonde. Jamais les poignets de Fanfan Pluchon n'avaient été plus vigoureux.

Un peu plus loin s'avançait tristement un petit gringalet, à l'air souffreteux, au teint pâle. Il portait un uniforme tout noir et une simple casquette sans broderies. C'était le roi de Prusse Frédéric-Guillaume, celui que nous avions si bien arrangé à Iéna et à Auerstaedt.

« Aux champs ! » s'écria encore Marius.

De toutes leurs forces les tambours s'escrimèrent une troisième fois sur nos peaux d'âne. C'était le même entrain, la même voix puissante qui saluait au passage le nouveau venu. Mais devant ce beau tapage, Marius prit un air choqué.

Il tourna la tête vers ses tambours en leur disant d'un accent où éclatait la baisse de son estimation :

« Ne tapez pas si fort, hé ! fils. Ça n'est qu'un roi ! »

CHAPITRE VIII

« Et ça a duré longtemps, cette paix de Tilsitt? » demanda Lambert.

Oh! non, la paix ne durait guère à cette époque. Deux ans après, nous étions de nouveau sur le Danube, aux portes de Vienne, où nous entrâmes après quelques heures de bombardement. Mais il n'en fallut pas moins livrer deux grandes batailles. La première eut lieu à Essling. J'y assistai; mais un peu comme ce soldat qui, dans une bataille célèbre, n'avait vu que de la fumée et le sac de son chef de file. Nous fûmes en réserve tout le jour, et je ne vis guère pour ma part que l'uniforme tout battant neuf de Lambourdesque et les mines renfrognées des vieux tambours, furieux de ne pouvoir chatouiller un peu les côtes aux Kaiserlicks.

Le soir, après une lutte acharnée, toute l'armée repassa dans une île du Danube, l'île Lobau. Ce fut là seulement que j'appris la mort du maréchal Lannes, qui était un deuil pour toute l'armée.

Deux mois et demi après, la Grande Armée repassait le Danube pendant la nuit, au milieu d'un orage épouvantable. Le lendemain, elle se déployait avec un ordre admirable dans l'immense plaine du Marchfeld, à la grande stupeur des Autrichiens, qui durent changer toutes leurs dispositions de combat. Tout le monde sentait l'imminence d'une grande bataille pour le jour suivant.

Ce soir-là, Napoléon était penché sur ses cartes dans la cabane qu'on lui avait construite à la hâte, quand il entendit un bruit de voix s'élever à sa porte. Quelqu'un insistait vivement auprès de l'aide de camp de service :

« Je vous en prie, mon colonel, dites à l'Empereur que c'est le tambour Pluchon avec sa légitime. Il me connaît bien, allez. Nous avons fait connaissance dans les marais de l'Alpone, il y a douze ans, et il y barbotterait peut-être encore si je n'avais eu le bonheur de me trouver là.

— Laissez entrer, cria l'Empereur. Qu'est-ce que tu me veux, mon brave ? »

Fanfan entra avec le plus bel aplomb. J'étais sur son dos et ne perdais pas un coup d'œil de la scène. Fanchon le suivait sans mot dire, son barillet au flanc.

« Ça n'est pas moi, mon Empereur, c'est ma légitime, Fanchon, qui a une communication de la plus haute importance à vous faire.

— Je vous écoute, madame Pluchon.

— Eh bien ! sire, v'là la chose, commença la vivandière sans se troubler le moins du monde. Ce matin, j'étais à faire mes provisions dans un gros bourg, près de Neusiedel. Nous, les femmes, on passe partout, n'est-ce pas ? D'autant plus que j'étais à peu près mise comme celles de par ici. J'étais en train de m'asticoter avec une vieille chipie d'aubergiste qui voulait me faire payer deux poulets trois fois le prix, quand je vois arriver une bande de gaillards tout dorés avec des habits blancs et des plumets verts sur la tête. « Ça, que je me dis, c'est des *légumes* de Kaiserlicks. » Ils discutaient tant qu'ils pouvaient. Et je t'en dis et je t'en raconte ! Il y avait surtout un grand sécot qui causait plus que les autres parce

7

qu'il était plus gradé. Les v'là qui demandent de la bière et qui continuent à jaboter tout haut sans faire attention à moi. Pourtant, moi, j'étais tout oreilles et j'ai bien compris ce qu'ils disaient, sire, quoique j'sois pas bien forte en langue kaiserliquoise.

« — Enfin, disait le grand sécot, quels ordres a-t-on trouvés sur cet aide de camp d'Oudinot qui a été pris tout à l'heure par les houzards de Barcko?

« — Mon général, répondit un autre, il portait à son chef l'ordre d'occuper immédiatement le château de Mariendorf pour y écraser notre gauche avec une formidable artillerie.

« — Eh bien! nous allons prendre les devants, et quand le corps d'Oudinot viendra occuper la position, il sera bien reçu... »

« Voilà tout ce que j'ai entendu, sire, et j'ai pensé que ça pouvait être important.

— Vous avez pensé juste, madame Pluchon. Vous êtes une brave Française. »

Puis, s'adressant à un maréchal qui se trouvait là :

« Vite, Berthier, mes cartes, mes plans! Soyez tranquille, ma bonne madame Pluchon, nous les battrons quand même. Toi, grognard, prête-moi ton tambour une minute. »

Fanfan me détacha, et voilà l'Empereur qui étend son plan de bataille sur ma peau d'âne. Quelle émotion, Riquet! Je sentais la main fiévreuse de Napoléon biffer ici, ajouter là des lignes, des indications écrites. Je frissonnais sous la pointe rapide de son crayon. J'aurais voulu que ces traits nerveux et durs demeurassent à jamais imprimés sur moi.

« Alors, sire, ça vous fait plaisir, ce que j'vous ai raconté là? demanda Fanchon.

— Beaucoup, madame Pluchon, beaucoup...

— Oh! sire, voulez-vous m'en faire un peu, à moi?... Eh bien!
goûtez à mon schnick. On
dit que c'est le meilleur de
la Grande Armée.

— J'accepte, madame
Pluchon. Berthier, fais-nous
donner quatre verres. Tu en
boiras aussi. Nous allons
trinquer à notre succès de
demain. Vous y êtes pour
quelque chose, madame
Pluchon. »

Fanchon ouvrit son ba-
rillet et remplit gaiement
les quatre verres. Quand elle
sortit, toute rouge de plaisir,
Fanfan lui dit en plaisan-
tant :

« Encore de la marchan-
dise qui ne sera pas payée !

— Qui sait? » répondit-elle en souriant.

Et ils retournèrent au bivouac.

Le lendemain, 6 juillet 1809, le feu éclate, dès 4 heures du
matin, tout le long de la ligne autrichienne. Au début de l'action,
l'archiduc Charles fait des efforts acharnés pour écraser notre gauche
commandée par Masséna, notre héroïque Masséna de Gênes. Je vois

encore celui-ci parcourant le champ de bataille en calèche, car il est tout meurtri d'une récente chute de cheval. Malgré son énergie, il faut pourtant se replier. Mais Napoléon arrive avec l'artillerie de la Garde commandée par Drouot.

« Dix mille boulets, a-t-il commandé à cet habile général, et écrasez les masses autrichiennes qui sont devant vous. »

Ah ! si tu avais entendu cette canonnade, Riquet, ces cent bouches à feu crachant sans relâche sur les grenadiers hongrois la déroute et la mort ! Mais voilà l'archiduc qui répond, et nos braves canonniers de la Garde sont si cruellement décimés, qu'on parle de relever leurs terribles batteries.

« Non, non, s'écrie l'Empereur, si je faisais relever les batteries de ma Garde, l'ennemi s'en apercevrait et redoublerait d'efforts pour percer mon centre. De suite, des grenadiers de bonne volonté pour servir les pièces ! »

Et voilà immédiatement deux cents grognards partis au pas de course vers les pièces. Bien entendu, mon brave Fanfan Pluchon est du nombre.

« Ah ! ah ! les batteries, ça me connaît, » a-t-il dit en riant de toutes ses forces.

Et les coups de canon qui s'étaient ralentis ronflent de plus belle. Il y a là le major d'Aboville, commandant l'artillerie à cheval de la Garde impériale. Blessé depuis 11 heures du matin, il n'a pas voulu se laisser transporter en arrière de ses pièces et, assis sur son séant, il continue à commander. Ah ! le brave !

Puis voici la belle infanterie de Macdonald qui s'élance au pas de charge. Une masse de cavaliers hongrois se jette sur elle. Mais Napoléon appelle les nôtres, et je vois se précipiter comme un irré-

sistible torrent les hussards de Lasalle, les chasseurs de Marulaz,
les cuirassiers de Nansouty, la splendide cavalerie de la Garde impériale. Ah! ils n'en ont fait qu'une bouchée de ces Hongrois!

A 4 heures, l'armée autrichienne, complètement battue, aban-
donne le champ de bataille. Humiliation suprême! la lutte a eu lieu
en vue de Vienne, et du haut de leurs édifices les habitants de la

capitale ont assisté à la déroute de leur
armée.

Moi, Riquet, je revins fier comme Arta-
ban, en me répétant que le plan de cette
belle victoire avait été tracé en partie sur
mon humble peau d'âne. Fanfan avait reçu

un biscaïen dans l'épaule en faisant son métier de canonnier. Ça
n'était pas grave, d'ailleurs, et je te jure qu'il ne sentit plus sa
blessure quand on vint lui lire :

Le tambour Pluchon et Madame Pluchon, vivandière, recevront chacun la croix de la Légion d'honneur.

« Eh bien, qu'en dis-tu, mon homme? s'écria Fanchon émue aux larmes en embrassant mon vaillant tapin de tout son cœur. Tu vois qu'il a payé tout de même, le Petit Caporal ! »

CHAPITRE IX

Ah! nous l'avons payée bien cher, cette gloire, trois ans après, au milieu des neiges de la Russie. J'avais assisté avec Fanfan Pluchon à la sanglante bataille de la Moskowa, et c'est avec lui aussi que je quittai Moscou incendié par les Russes. Tout de suite ce fut la misère, le froid mortel, la famine, la mort. Songe donc, Riquet, qu'il faisait un froid de vingt-huit degrés! La salive gelait dans la bouche quand on parlait. Et quelle nourriture! un peu de farine délayée dans de la neige fondue! On se battait, on se tuait même pour un morceau de viande de cheval. Le sang de nos pauvres bêtes était lui-même précieusement recueilli sur les glaçons où il se figeait.

Il n'y avait plus ni ordre ni discipline. Le froid, la faim, la poursuite acharnée des Cosaques avaient désorganisé tous les régiments. Seule, la Garde restait unie, inébranlable dans cet enfer de glace. Mais quel désespoir, quel silence! Les tambours ne battaient plus. Les mains pendaient inertes, paralysées par la gelée. Finies, les batteries triomphantes! Le bruit d'un immense troupeau affolé troublait seul le lugubre silence des steppes.

Pourtant, un jour, l'Empereur passa près de nous, à pied, un bâton à la main. Alors ce fut comme un miracle. Le sang revint aux mains, les bras se désengourdirent, un peu de cœur descendit aux poignets, et les tambours de Lambourdesque se mirent à battre aux

champs avec la même ardeur, le même enthousiasme qu'à Austerlitz
ou à Tilsitt.

Ce qui tourmentait surtout Fanfan, c'était sa pauvre Fanchon,
hâve, pâle, maigre à faire pitié. Son âne avait été tué pour être
mangé, et maintenant il lui fallait se traîner à pied au bras de son
homme, grelottant comme lui le froid et la faim. Le soir, il s'en
allait marauder pour elle, comme jadis à Gênes; mais, hélas! l'étendue déserte n'offrait guère de ressources, et il me rapportait vide
presque chaque jour.

Un soir, c'était deux jours après le désastreux passage de la Béré-
sina, un soir, Fanfan Pluchon s'enfonça dans les bois pour voir s'il
n'y découvrirait pas quelque bête sauvage dont on pût dévorer la
chair. Hélas! il n'entendit que le bruit de ses pas sous les hautes
branches couvertes de neige. Rageusement, il bat tous les fourrés,
explore toutes les sentes. Rien, toujours rien. Alors il veut sortir de
la forêt; mais, arrivé à la lisière, il n'aperçoit pas les feux de bivouac
qu'il a quittés quelques heures auparavant.

Un frisson d'angoisse le prend. Il s'est égaré! Que va devenir sa
pauvre Fanchon, s'il ne parvient pas à retrouver sa route dans ces
régions inconnues et désolées?

Il rentre dans la forêt et se met à courir comme un fou, la cervelle troublée par l'anxiété et la faim. Impossible de s'orienter, de
retrouver les chemins suivis tout à l'heure.

Ah! Riquet, j'étais sur son dos et je sentais le battement de son
cœur, le frémissement de ses nerfs. Durant une nuit et un jour, il
erra ainsi comme un désespéré, ne mangeant pas, ne dormant pas,
ne pensant qu'à sa Fanchon, qui allait se trouver cruellement aban-
donnée. Enfin, à la nuit tombante, il se trouva à une autre lisière de

la forêt. Mais, là encore, rien ne lui révéla le passage des débris de
la Grande Armée.

Alors, anéanti, vaincu par la fatigue et la faim, il s'étendit sur la
neige, attendant sans frémir l'engourdissement et la mort. Mais avant
de s'allonger pour toujours, il lança aux échos glacés le cri des mou-
rants sur le champ de bataille :

« Vive l'Empereur ! »

Soudain, spectacle inattendu, un traîneau tourne le coin de la
forêt. Minuscule et comme perdu au milieu de l'immensité blanche,
il s'en va solitaire, attelé de deux petits chevaux russes qui trottinent
d'un air lamentablement fourbu. C'est un Français, un vieux chas-
seur de la garde, qui le conduit, son colback pelé enfoncé sur les
yeux...

Fanfan se demande s'il n'a pas complètement perdu la raison en
voyant ce traîneau s'arrêter devant lui et quelqu'un en descendre
qu'il connaît bien. Alors son visage rayonne, sa main se colle trem-

blante à son bonnet à poil tout blanc de frimas. Est-ce possible!
C'est l'Empereur, l'Empereur coiffé d'un bonnet de fourrure, qui lui
demande avec un bon sourire apitoyé :

« Que diable! fais-tu là, grognard?

— Vous le voyez, mon Empereur, j'étais en train de mourir, quand
vous êtes arrivé comme le bon Dieu, vrai de vrai. Depuis hier soir,
je suis égaré dans cette gueuse de forêt et je ne puis plus retrouver
mes camarades ni ma femme Fanchon.

— Tu les retrouveras, sois tranquille. Tu as gagné un jour
d'avance sur eux en traversant la forêt. Moi, je pars en avant orga-
niser de nouvelles armées. C'est le roi Murat qui vous commande
maintenant. »

Puis, s'adressant au conducteur du traîneau :

« Camarade, donne vite un morceau et une goutte d'eau-de-vie
à mon grognard. Je vais lui faire une place à côté de moi et l'emmener jusqu'à Vilna.

— Comment, moi, mon Empereur,... avec vous? bégaya Fanfan.

— Mais oui, toi. »

Quelle joie infinie! Quel inoubliable honneur! Durant tout le
trajet, Fanfan savoura, sans pouvoir prononcer une parole, le hasard
merveilleux qui devait demeurer la suprême fierté de toute sa vie.
Il voyageait à côté de son Empereur! Parfois même, dans les chaos
de la route, le bonnet de fourrure venait heurter son vieux « tapoil »
tout pelé. Le pauvre troupier oubliait sa misère. Il lui semblait que
son cœur, battant d'une ivresse folle, réchauffait son être tout
entier.

Enfin on arriva à Vilna.

« Au revoir, tambour Pluchon, dit Napoléon. Tu m'as sauvé la vie à Arcole. Nous sommes quittes maintenant. Continue à me servir avec bravoure. »

Et le traîneau disparut, laissant Fanfan Pluchon émerveillé, ravi. Il se reposa trois grands jours à Vilna, et le troisième jour il retrouva Fanchon et les camarades qui traversèrent la ville. Comme il avait fourré des vivres abondamment entre mes deux peaux d'âne, le mari et la femme arrivèrent sains et saufs à Kœnigsberg, qui était el terme tant attendu de cette lugubre retraite.

CHAPITRE X

« J'espère que tu t'es un peu reposé après ça? demanda Lambert. Tu ne l'avais pas volé, mon pauvre vieux. »

Ah! bien oui, se reposer! C'est-à-dire que, trois ou quatre mois après, il fallut rentrer en campagne. L'Europe entière nous tombait sur le dos, et l'Empereur dut lever en France tout ce qui était valide. Mais, hélas! tous nos vieux soldats étaient morts dans les neiges de la Russie, et il ne put trouver que de tout jeunes gens, presque des enfants, pour lutter avec les vétérans de Prusse, de Russie et d'Autriche.

Je fus un peu inquiet en voyant affluer dans nos camps ces conscrits imberbes et inexpérimentés. On les appelait les *Marie-Louise,* parce qu'ils avaient été levés durant la régence de l'impératrice Marie-Louise, femme de Napoléon Ier.

Eh bien! Riquet, ces petits Marie-Louise se battirent comme des lions. Leurs cœurs débordaient d'une généreuse émulation de vaillance et ils ne voulaient pas se montrer inférieurs à ces braves d'Iéna et de Wagram qui leur avaient donné l'exemple. On avait formé avec eux plusieurs régiments de la Jeune Garde, et ils rivalisaient d'ardeur et de courage avec la Vieille Garde des grognards.

Je les vis à l'œuvre de bien près, petit Riquet, car je passais alors à un régiment de conscrits-chasseurs de la Jeune Garde, avec Lambourdesque, Fanchon et mon vieux Fanfan, qui était nommé caporal-tambour. Ah! comme je les aimais, comme je les admirais, ces petits bonshommes de dix-sept ans qui firent trembler les vieilles troupes de la coalition à Lutzen, à Bautzen, à Dresde, à Hanau! Pourtant, ils étaient mal équipés, mal chaussés, vêtus d'un maigre pantalon de toile et d'un petit habit court. Avec ça, on les envoyait tout de suite à l'armée, sans la moindre instruction militaire, et c'est à peine s'ils savaient charger leurs fusils. Ça ne les empêchait pas de marcher gaiement au feu et de se faire tuer bravement au cri de : « Vive l'Empereur! »

Je me souviens de l'un d'eux surtout, qui était tambour dans la clique de Lambourdesque. Il s'appelait Jacques Dumas et il avait dix-sept ans. Mais, avec sa figure fraîche et candide, on lui en aurait bien donné quinze. Il parlait toujours de sa maman, qui était établie épicière dans le faubourg Saint-Antoine, et ses yeux bleus prenaient alors une expression d'infinie tendresse. Tous les jours notre vaguemestre emportait une lettre à la maman.

Mais l'héroïsme ne suffit pas. Les petits Marie-Louise furent écrasés par le nombre à la terrible bataille de Leipzig, et il fallut rentrer en France. Ah! il ne s'agissait plus de faire des conquêtes maintenant, mais bien de défendre sa patrie, son champ, sa famille. Et les Marie-Louise défendirent tout ça pied à pied, guidés par le génie de leur Empereur, qui ne resplendit jamais de plus magnifiques éclairs. Ils battirent les Alliés à Saint-Dizier, à Brienne, à Montereau, à Montmirail. Mais ce fut surtout à Champaubert qu'ils se montrèrent sublimes d'élan et d'endurance.

Le corps du général russe Olsouvieff venait d'occuper le village. Mais voilà que Marmont s'y précipite tête baissée à la tête de deux divisions de la Jeune Garde. Tous ces braves petits soldats marchent sans répit depuis trois mois dans la boue et la neige : n'importe ! ils courent gaiement à l'ennemi en lançant sous le ciel gris les plus entraînants refrains de la Grande Armée.

Mais les Russes, eux, n'avaient pas envie de chanter. En un clin d'œil ils furent chassés des maisons, entourés de tous côtés, acculés aux bois et aux étangs du Désert. Un Marie-Louise s'empara même du général Olsouvieff et ne voulut le lâcher que devant l'Empereur. C'est à peine si un millier de Russes purent gagner Fère-Champenoise, grâce à la nuit et à l'épaisseur des taillis.

Le lendemain, un de nos petits héros, — il avait bien quinze ans, — amena aux avant-postes deux énormes grenadiers russes.

« Ces gaillards-là voulaient broncher, dit-il en brandissant un grand couteau d'équarrisseur ; mais je les ai bien fait marcher. »

Lambert leva fièrement la tête et une flamme belliqueuse brilla dans ses yeux.

« Ah !

dit-il, comme j'aurais voulu faire partie de ces Marie-Louise! Ça devait être joliment plus amusant qu'une version latine. »

Hélas! tout le monde ne revenait pas aussi brillamment du champ de bataille. Ainsi notre brave petit tambour Jacques Dumas avait reçu un éclat d'obus en pleine poitrine, et, quand Fanchon alla le voir à l'ambulance, il agonisait. C'était navrant. La nuit envahissait l'ambulance, et le pauvre petit, la vue trouble, la cervelle en délire, criait de toutes ses forces :

« Maman! je veux maman! »

Alors Fanchon eut une idée de brave femme qu'elle était. Bien sûr, le mourant était hors d'état de reconnaître les gens. Alors pourquoi ne pas lui donner cette dernière minute de joie?

« Me voilà, dit-elle, me voilà, mon cher petit Jacques. »

Avec des gestes fiévreux, le pauvre conscrit toucha le fichu, la jupe, puis il se pelotonna comme un petit enfant dans les bras de Fanchon. Un sourire de bonheur courut sur ses lèvres. Comme la vivandière était une bonne chrétienne, elle eut la pieuse idée de porter à la bouche de celui dont elle se faisait la mère attendrie un vieux scapulaire qui ne la quittait jamais.

« Ainsi, pensait–elle, la miséricorde divine l'assistera en cette heure redoutable. »

Il embrassa longuement l'image sacrée. Puis il retomba en arrière et très paisiblement il mourut.

Et dire que, malgré tant de beaux jeunes gens fauchés en pleine ardeur, en pleine fougue, nous n'avons pu réussir à vaincre! Car ça alla bien mal ensuite, mon pauvre Riquet! La politique s'en mêla, la trahison aussi. Bientôt Paris dut capituler. On nous signifia de ne plus nous battre et l'on nous parqua dans des cantonnements, en dehors de la capitale, comme des prisonniers.

Nous étions à Villejuif. Un jour, je vis arriver Marius Lambourdesque hors de lui, le teint bilieux, les yeux hors de la tête.

« Les commissaires des Alliés vont venir tout à l'heure, s'écria-t-il. Je ne veux pas qu'on batte aux champs pour eux ! Les tambours ? Où sont les tambours ?

— Mais, fit Pluchon, on doit même battre pour des généraux ennemis. C'est le règlement.

— Eh bien ! fils, je m'en moque, du règlement. Où sont les tambours, mille millions de pécaïre !

— Les voilà, » répondit Pluchon en nous montrant entassés les uns sur les autres dans un coin du cantonnement.

Alors, avec une rage exaspérée, Marius nous empoigna les uns après les autres et il nous creva tous à grands coups de sa fameuse canne en criant à tous les échos :

« Hé ! qu'on essaie un peu de battre à présent ! »

C'était la seconde blessure que je recevais pour la patrie et elle me venait d'un Français. Mais je ne songeai pas à me plaindre et, au contraire, je me sentis rempli de fierté à l'idée que j'étais ainsi associé aux cruelles souffrances de mes malheureux compagnons d'armes.

CHAPITRE XI

JOURS DE RÉVOLUTION ET JOURS DE REPOS

Cette seconde blessure due au beau mouvement de fierté de Marius Lambourdesque fut beaucoup plus longue à guérir que la première. On m'oublia pendant deux ans dans ce piteux état, au fond du magasin d'un régiment de ligne. Aussi je ne vis ni les adieux de Fontainebleau, ni le retour de Louis XVIII, ni Waterloo. En 1816, on fit un recensement du matériel et l'on s'aperçut de mon existence. Alors on me mit deux peaux neuves et l'on me refit une belle caisse ornée d'un écusson composé de trois fleurs de lis. C'étaient les nouvelles armes de la France.

Autour de moi les choses ne s'étaient pas moins transformées. Les soldats portaient maintenant des uniformes tout blancs. Au lieu de l'Empereur caracolant sur son cheval persan, un vieux roi impotent et très gros nous passait des revues en voiture. Il montrait un visage débonnaire, quoiqu'un peu malicieux, et portait des épaulettes de général sur un habit civil bleu barbeau. Ce nouveau souverain, qui ressemblait si peu à celui qu'il remplaçait, c'était Louis XVIII. Quant à mon cher drapeau tricolore, il avait été remplacé par un drapeau blanc que je ne connaissais pas.

Mais le plus profond changement pour moi tenait à ce qu'on ne faisait plus la guerre. On ne battait plus la charge sur ma peau, qui ne retentissait maintenant que pour le service de la caserne ou bien

9

pour les parades et les processions. Cette inaction me pesait un peu. Je trouvais ma vie trop calme, trop monotone, et je regrettais Fanfan Pluchon, Fanchon et Lambourdesque. Mais, au lieu de reprendre ma vie aventureuse et héroïque de naguère, j'allais être condamné à une oisiveté encore plus complète.

Un jour, en passant une inspection du matériel, le colonel de mon régiment dit à son tambour-major :

« Nous avons là plus de tambours qu'il n'en faut. Faites en porter quelques-uns aux magasins généraux. »

Et voilà comment je passai plus de dix ans dans un casier poussiéreux, au fond d'une salle presque toujours close. Je n'avais d'autres visiteurs qu'un garde-magasin et aussi pas mal de rats, qui essayaient vainement leurs dents sur ma peau et préféraient bientôt se rabattre sur les chenilles des casques et les bonnets à poil.

Un jour vint pourtant où je fus réveillé de mon continuel sommeil par un tapage à ne pas entendre le tonnerre. Cédant sous une poussée formidable, les portes de mon magasin finirent par se laisser enfoncer, et je vis toute une foule, en état de folle effervescence, faire une bruyante irruption. Ces gens chantaient, vociféraient, s'exaltaient, se trémoussaient en tous sens comme des démons. Je remarquai surtout parmi eux des ouvriers, des étudiants, des vétérans de nos glorieuses guerres qui avaient repris ces uniformes de la Grande Armée qui m'étaient restés si chers.

Tout ce monde était armé d'une manière bizarre et brandissait des fusils, des pistolets et des sabres de modèle ancien. Plusieurs même arboraient triomphalement des hallebardes, des mousquets et des pièces d'armure provenant du pillage des musées. Avec une fougue éperdue, ces envahisseurs se jetèrent sur les armes et les

effets d'équipement dont le magasin était rempli et ils s'en affu-
blèrent.

Un gamin d'une dizaine d'années courut tout de suite vers moi :

« Un tambour! criait-il. Moi, je veux un tambour! »

Il était en manches de
chemise tout simplement
et il était quand même

gentil à croquer
avec son pantalon
rapiécé retenu par une unique bretelle et
son bonnet de police crânement posé sur
ses boucles blondes. Son nez relevé, sa
mine espiègle me rappelaient tout à fait mon petit Fanfan

Pluchon de Valmy. Et je me
sentis tout ému à ces vieux souvenirs.

Nous sortîmes avec les autres.
Je bringueballais lourdement dans
les jambes de mon nouveau propriétaire et je traînais jusque
sur le trottoir. Mais ça ne l'occupait guère. Il s'en allait en
battant sur moi de toutes ses
forces, et pas trop mal, ma foi,
pour un moucheron de cette
espèce. Et les autres emboîtaient
le pas derrière lui, en chantant
un refrain que je reconnus avec
un frisson de joie. C'était *la
Marseillaise*.

J'étais jeté de nouveau en
pleine révolution. En cette journée du 28 juillet 1830, le peuple
de Paris commençait à culbuter
le trône de Charles X.

Il faisait une chaleur accablante. Mais ça n'empêcha
pas mes gaillards de se lancer au pas de course dans la direction
du Louvre. Un polytechnicien avait pris le commandement de la
troupe. Sur le quai des Orfèvres, ils se heurtèrent à des déta-
chements de garde suisse et de garde royale qui bouchaient
l'accès des rues avoisinantes, et une vive fusillade s'engagea.

Accablées par le nombre, cernées de tous les côtés, les troupes du gouvernement durent se retirer.

Au même moment, une immense clameur courut dans la foule et tout le monde montra du doigt un point dans l'espace.

« Regardez! criait-on. Regardez! »

Le drapeau tricolore flottait sur les tours de Notre-Dame.

Quel coup de bonheur pour un vétéran de l'épopée impériale comme moi! Mais il y avait là des jeunes qui n'étaient pas moins ravis du spectacle. C'est ainsi que, sans souci des balles qui pouvaient encore pleuvoir, mon petit tapin grimpa au sommet d'une

barricade et qu'il jeta son bonnet de police en l'air en criant de toutes ses forces :

« Vive la liberté !

— Toi, me dis-je en moi-même, tu dois avoir du sang de volontaire de 92 dans les veines. »

Et je me rappelai les débuts de mon cher Fanfan Pluchon.

On se battit encore durant deux jours dans les rues de Paris. Mon petit bonhomme ne se sentait pas de joie, ni moi non plus. Le troisième jour, nous fûmes passés en revue par le duc d'Orléans, que tout le peuple acclamait, à qui ce peuple venait d'accorder une confiance enthousiaste et qui allait bientôt devenir le roi Louis-Philippe. Il s'arrêta en souriant devant notre marmouset de tambour :

« Comment t'appelles-tu, gamin ?

— Zidore Pluchon, dit l'Écureuil, m'sieu. »

Pluchon ! le fils de Fanfan et de Fanchon peut-être ! Je tressaillis si fort que l'enfant reçut une secousse à laquelle il ne comprit rien.

« Eh bien ! Zidore, déclara le duc d'Orléans, tu n'es pas bien haut, mais je suis sûr que tu te comporteras comme un brave toute ta vie. Tiens, voilà deux beaux louis d'or que tu as bien gagnés. Mais tu vas me faire le plaisir de rapporter ton tambour où tu l'as pris.

— Compris, m'sieu, » s'écria le gosse transporté de joie et de fierté.

Et il fit comme il l'avait promis.

Moi, ça ne m'allait guère de retourner au magasin, maintenant que les trois couleurs étaient revenues. Et puis j'aurais bien voulu rester avec ce brave petit Zidore, quand ce n'eût été que pour savoir s'il était bien le fils de Fanfan et de Fanchon. Mais le sort en avait décidé autrement.

D'ailleurs, je ne restai pas longtemps au magasin. Car je fus affecté, deux mois après, à la 5ᵉ légion de la garde nationale de Paris. J'avais reçu au préalable une nouvelle transformation, et maintenant le fier coq gaulois remplaçait sur ma caisse les fleurs de lis des Bourbons déchus.

Ah! c'était joliment drôle, Riquet, cette garde nationale. De braves gens, bien sûr; mais si peu soldats! Rien n'était amusant comme de voir les plus paisibles des boutiquiers parisiens s'enfoncer sur la tête un immense bonnet à poil, se sangler d'un habit bleu et s'introduire dans un large pantalon blanc, pour aller promener, le dimanche, aux Tuileries, madame et les enfants. Et il fallait voir à l'exercice leur manière de manœuvrer. Les gros ventres sortaient en tel nombre sur les rangs, qu'il était impossible d'obtenir un alignement convenable.

Les tapins, heureusement, pratiquaient

de façon irréprochable
l'art plein de secrets des
« ra » et des « fla ».

J'éprouvai une joie bien vive à retrouver là une vieille connaissance. C'était notre ami Marius Lambourdesque, un peu vieilli, un peu blanchi, mais n'ayant rien perdu de sa superbe prestance d'autrefois. Il avait été nommé tambour-major de la légion.

La première fois qu'il sortit à sa tête, il lança comme jadis sa canne à des hauteurs incommensurables. Mais, craignant de la recevoir sur le nez, voilà ses tambours qui s'enfuient tout soudain comme une volée de moineaux.

« Hé! fils, fit simplement Marius, ce n'est pas une raison parce que la mignonne s'envole pour que vous en fassiez autant. Si vous récidivez, coquin de sort! je vous fiche dedans comme des tambours. »

Il cumulait cet emploi avec celui de suisse de la paroisse Saint-
Étienne-du-Mont, et ce cumul l'entraîna, un jour, à une distraction
bien cocasse dont on s'amusa longtemps dans le quartier. Il était
sorti de l'église en tête de la procession, le front haut sous son
monumental bicorne emplumé, la mine solennelle, scandant noble-
ment sa marche du geste allongé de sa longue canne. Mais voilà
que, repris soudain de ses vieilles habitudes militaires, il se met
comme inconsciemment à décrire dans l'air les plus audacieux moulinets. Et il termine sa série d'acrobaties en lançant sa canne à la
hauteur du Panthéon. M. le curé et tous les assistants en furent
fort scandalisés, et Marius, dûment chapitré, dut jurer sur la fameuse
canne qu'il ne recommencerait plus.

Nous avions à la garde nationale des revues superbes, des défilés
où les officiers étaient désarçonnés, où les rangs flottaient, incon-
sistants et mous comme de la gelée. Moi, j'avais comme
instrumentiste un ancien dur-à-cuire de la Grande Armée, ex-
tapin du 21ᵉ léger, qui avait fait, comme moi, toutes les
guerres de Napoléon. Aussi nous entendions-
nous fort bien.

Car les tambours de la garde nationale
étaient tous de vieux soldats continuant le
métier de leurs belles années. Ils portaient
l'uniforme de façon permanente. C'étaient des grognards
et non des boutiquiers ou des bureaucrates comme leurs
camarades. On les citait pour la propreté et le soin de leur
tenue, à laquelle ils ajoutaient un brin de fantaisie
tout à fait personnel en portant leurs épaulettes très
relevées. C'est de là qu'est venue l'expression restée

10

longtemps traditionnelle dans l'armée d'avoir des « épaulettes en tambour ».

Si ces dignes batteurs de caisse demeuraient ainsi constamment en service, c'est qu'ils avaient fort à faire. Tous les premier janvier, ils venaient souhaiter la bonne année aux membres de la légion, ce qui était d'un joli rapport, car ces souhaits intéressés étaient toujours remerciés par une étrenne en argent dont le tarif variait suivant le grade. C'étaient eux qui allaient inviter pour les mariages, les baptêmes et les enterrements intéressant la légion. Ils portaient les billets de garde et aussi les ordres de se rendre à la prison bien connue où les soldats citoyens expiaient leurs heures de désobéissance ou d'oubli

Située près du Jardin des Plantes, cette prison avait reçu le surnom symbolique d'*Hôtel des Haricots*. Plus d'un anonyme s'était amusé, par vengeance ou par passe-temps, à en illustrer les murs de dessins ou d'inspirations littéraires généralement brèves. On pouvait y admirer de curieuses fantaisies dues au crayon d'artistes fameux tels que Devéria, Yvon, Bertall, Français, Cicéri. Mais il paraît évidemment téméraire d'attribuer à un grand poète le distique suivant :

J'apprécie un hôtel, j'aime les haricots.
Mais les deux réunis ne me semblent pas beaux.

Ah! que j'étais loin, dans un tel milieu, de mes batteries héroïques de jadis! Pourtant, si j'ai conservé peu d'admiration pour les pacifiques tapins de la garde nationale, je dois reconnaître qu'ils m'ont rendu un service : celui de m'user fort peu la peau. Car ils ne jouaient guère plus des baguettes que leurs camarades du fusil Aussi, après ces années de repos, me sentais-je plus jeune que jamais et aussi prêt qu'autrefois à affronter les épreuves et les risques des plus rudes campagnes.

CHAPITRE XII

EN ALGÉRIE

Je commençais à être las de toutes ces gardes, de tous ces défilés pompeux et ridicules, lorsque ma bonne étoile me fit rencontrer un sort nouveau. Un jour, Lambourdesque reçut la visite d'un brillant officier qui se drapait dans un manteau d'Afrique et qui portait un tarbouch écarlate sur ses cheveux noirs. Il s'appelait Lamoricière.

« Mon camarade, dit-il au tambour-major, voici un ordre de me remettre quatre tambours que je vais emporter en Afrique pour mes zouaves.

— On va vous les livrer tout de suite, mon colonel. »

Et voilà comment je fus embarqué à destination d'Alger et comment j'arrivais à Médéah, au campement des zouaves.

J'étais fier de servir à ce nouveau corps. On l'avait formé après la prise d'Alger, et déjà il s'était acquis une immense réputation à Constantine et à Mouzaïa. Il y avait là de vieux soldats toujours en campagne et qui semblaient devoir reprendre les traditions glorieuses des grognards de Napoléon.

Dès qu'on nous eut déballés, mon nouveau tambour-major s'écria :

« Hé ! Pluchon, viens donc voir un peu. Voilà des tambours qui nous arrivent. »

Pluchon ! Était-ce donc mon brave petit Zidore de 1830 que

j'allais retrouver tambour aux zouaves? Tout de suite celui qu'on appelait accourut, et je n'eus pas de peine à le reconnaître. Il avait belle mine maintenant avec son teint basané sous le turban, sa fine moustache et son allure dégagée dans sa coquette tenue africaine.

« Voyons, fit-il, il s'agit de bien choisir. Comme dit mon brave père Fanfan, un bon tambour, c'est comme une bonne pipe : quand on le trouve, il faut le prendre et ensuite veiller sur lui comme sur un camarade. »

Je me sentis pris d'un tel frisson de joie que toutes mes cordes s'en resserrèrent. Le vaillant gamin des trois glorieuses était bien le fils de mon premier et si aimé possesseur. Il donna plusieurs coups de son index replié sur ma peau d'âne.

« En voilà un qui a un beau son, dit-il, je le prends. »

Le cher garçon ! S'il avait su qu'il choisissait le vieux compagnon de son père ! Mais comment le lui faire savoir?

Ah ! c'était un rude troupier que Zidore Pluchon, et je te jure, Riquet, qu'il n'était pas indigne de son père. Tout à fait le type du zouave brave, gai, débrouillard, qui sait trouver de l'eau dans un désert et du frichti là où il n'y a que des pierres. Il n'y en avait pas deux comme lui pour donner un coup de baïonnette, préparer la marmite ou dresser un gourbi.

Avec ça il était malin comme au temps où on l'appelait l'Écureuil, et il savait se garder soigneusement des embuscades des Arabes. D'ailleurs, nos zouzous s'entendaient à déjouer les surprises de l'ennemi avec tant d'habileté et de ruse, que celui-ci les appela *chacals*, nom dont ils s'enorgueillirent. Il n'y avait pas comme eux pour veiller sur un bivouac et tomber sur les maraudeurs qui rampaient vers les sentinelles pour les massacrer dans l'ombre.

Ah! c'était une rude guerre que nous menions à travers les plaines incultes et brûlantes ou les ravins abrupts et desséchés de l'Algérie. L'intrépide émir Abd-el-Kader, qui incarnait, depuis près de douze ans, l'âme de la résistance des Arabes, nous donnait terriblement de fil à retordre. Malgré une poursuite acharnée, il nous échappait sans cesse. Dans tous les coins de notre belle conquête africaine, il nous suscitait chaque jour de nouveaux ennemis. C'était en vain que notre chef suprême, le maréchal Bugeaud, un savant tacticien qui avait fait toutes les campagnes de l'Empire, concentrait tous ses efforts sur cet opiniâtre et irréconciliable adversaire. A l'heure où l'on croyait le tenir, il finissait toujours par glisser mystérieusement entre les doigts de ses vainqueurs et il allait soulever contre eux des tribus qu'on croyait soumises et qu'il fanatisait par sa parole ardente.

Ses intrigues incessantes finirent par lui valoir l'alliance du sultan du Maroc. Ce même Lamoricière, à qui je devais ma présence dans le pays et qui était devenu général, subit le premier choc des troupes marocaines. Le maréchal Bugeaud franchit alors la frontière et s'empara de la ville d'Ouchda. Quelques jours après, sur la rive droite, dénudée et sablonneuse, de la rivière Isly, il alla attaquer l'armée marocaine que commandait le fils même du sultan, Mouley Abd-er-Rahman, et dont la cavalerie seule se montait à plus de 25000 chevaux. Le maréchal ne disposait guère que de 11000 hommes qu'il avait ordonnés en un losange dont les faces étaient composées de carrés d'infanterie et au centre duquel se trouvait la cavalerie avec les bagages.

— 77 —

Le 14 août 1844, au point du jour, dès qu'Abd-er-Rahman vit apparaître la tête de notre colonne, il lança sur elle toute sa cavalerie, qui cependant ne put parvenir à forcer la ligne des tirailleurs et qui, sans consentir à reculer, se mit à tourbillonner éperdument au milieu de la plus dangereuse confusion Ils n'en avaient pas moins belle et vaillante allure, ces cavaliers marocains tout enveloppés de voiles blancs et qui, sur leurs petits chevaux arabes richement caparaçonnés, avec leurs hautes selles et leurs larges cimeterres aussi bien qu'avec leurs galops impétueux et leurs cris aigus, me rappelaient les Mamelucks que j'avais vus charger à la bataille des Pyramides.

Je t'assure, Riquet, qu'il y avait là de quoi intimider un chef moins sûr de lui que notre Bugeaud. Sans se laisser émouvoir le moins du monde, il lança contre cette cohue neigeuse et frénétique les spahis du colonel Yusuf et les chasseurs d'Afrique des colonels Tartas et Morris.

Entourés par des adversaires dix fois plus nombreux, nos hardis cavaliers eurent bien de la peine à se maintenir et ils durent faire preuve d'une dose incroyable de sang-froid et de courage pour attendre que nous arrivions à leur secours, nous autres les zouaves, ainsi que les chasseurs d'Orléans, comme on appelait alors les chasseurs à pied.

Quand nous entrâmes dans la bagarre, mon brave tapin Zidore en frétillait de bonheur et il se mit à battre la charge sur ma peau aussi allègrement, aussi vigoureusement que le faisait autrefois son père à Arcole et à Austerlitz.

« Voilà une famille où l'on a le cœur aussi solide que le poignet, » pensais-je, tout heureux, moi aussi, de retrouver ces fêtes de la gloire dont j'avais perdu un peu l'habitude.

Les Marocains furent mis en pleine déroute, et l'on fit un butin énorme dans leur camp, qu'ils durent nous abandonner. Zidore, pour sa part, s'empara d'une tente, de deux superbes sabres damasquinés et même d'un grand coquin de chameau à poils roux sur lequel il grimpa, en manière de farce, pour célébrer la victoire en battant aux champs. Mais il ne tarda pas à en descendre en disant :

« Il me donne mal au cœur, cet animal-là. Décidément les tambours ne sont pas faits pour les hautes situations. »

Après cette brillante victoire d'Isly, nous recommençâmes la même guerre de poursuites, de surprises, d'attaques foudroyantes à laquelle Abd-el-Kader répondait en accumulant sur nos pas les embûches et les traquenards. Lorsque nous nous croyions délivrés des Arabes, ils se glissaient avec une audace et une adresse incroyables jusque dans notre camp. Malheur à la sentinelle avancée qui n'ouvrait pas l'œil et le bon ! Combien d'entre elles périrent égorgées sans avoir même aperçu le perfide Kabyle qui, dissimulé derrière des branches coupées lui donnant l'air d'un buisson, arrivait d'un seul bond de panthère sur sa victime !

Les *chacals* s'entendaient mieux que tout autre à se garder, à se méfier, à fouiller de leurs regards expérimentés et vigilants l'ombre pleine de périls mystérieux et mortels. Une nuit pourtant ils trouvèrent leurs maîtres.

Les réguliers d'Abd-el-Kader s'étaient approchés jusqu'à nos avant-postes. Ils étaient parvenus à tromper l'attention des premiers factionnaires et à s'introduire au cœur même des bivouacs. Quelle alerte, grand Dieu ! Les soldats réveillés en sursaut sautent sur leurs armes. Plusieurs sont massacrés au milieu de leur sommeil.

Mais Zidore Pluchon m'empoigne en toute hâte, et le voilà qui se met à battre la générale de toute la force de ses poignets. A ce moment, le désordre est à son comble; mais la défense s'organise vite et ferme, car Bugeaud est avec nous et tout le monde a confiance en sa décision et son sang-froid. Serré de près par les Arabes, il met lui-même l'épée à la main, charge à la tête de son état-major et réussit à se dégager.

Bientôt, grâce à ses efforts, le combat est heureusement terminé. Il ordonne de faire l'appel, et, pendant ce temps, il se promène devant sa tente. Je me rappelle qu'il avait l'air de fort méchante humeur. Soudain, à la lueur des feux du bivouac, il s'aperçoit que tous nos zouaves rient en le regardant. Surpris, un peu vexé, il se tourne vers un de ses aides de camp en disant :

« Je crois, capitaine, que ces coquins de chacals sont en train de se moquer de moi. Qu'ai-je donc de si risible ? »

L'officier dissimule à grand'peine un fort accès d'hilarité pour lui répondre :

« Monsieur le maréchal,... c'est... c'est votre coiffure.

— Hein ? Quoi ? Ma coiffure ? »

Alors il porte la main à sa tête et reconnaît avec stupéfaction qu'elle est recouverte, comme celle du roi d'Yvetot, d'un simple bonnet de coton. La brusquerie et la chaleur de l'alerte qui l'a surpris en plein sommeil l'ont empêché jusqu'à présent de s'en apercevoir. Il se met à rire, lui aussi, puis il demande sa casquette. Et voilà mille voix qui répètent à travers le camp révolutionné :

« La casquette ! la casquette du maréchal ! »

On se met à la recherche du couvre-chef et on le lui apporte. Or il faut te dire, Riquet, que celui-ci, d'une hauteur prodigieuse et d'une forme bizarre, avait depuis longtemps le don d'amuser follement nos zouaves. Ils ne perdirent pas une si belle occasion de le blaguer un brin. Et, le lendemain, quand les tambours et clairons entamèrent la marche bien connue, tout notre bataillon les accompagna en chantant :

> As-tu vu
> La casquette,
> La casquette,
> As-tu vu
> La casquette
> Du père Bugeaud?

Et c'est depuis cette nuit que la fanfare de marche des zouaves ne s'appelle plus que la *Casquette*.

CHAPITRE XIII

Nous restâmes encore, Zidore et moi, plusieurs années en Algérie. Avec lui je montai à l'assaut de Zaatcha et de Laghouat. Et puis. lorsque, après tant de combats, le pays fut enfin pacifié, on vint nous annoncer, un beau matin, que les zouaves allaient partir en Orient pour faire la guerre aux Russes.

Le 14 septembre 1854, nous débarquions en Crimée avec nos alliés les Anglais. Six jours après, la bataille s'engagea et nos zouaves se mirent à grimper comme des chats sauvages aux falaises terriblement hautes et escarpées qui bordent la rivière d'Alma. A les voir s'accrocher aux crevasses, aux racines, le long de ces pics inaccessibles, on eût dit des milliers de fourmis bleues et rouges.

En quelques minutes, ils arrivent sur la crête, les vêtements en lambeaux, les mains ensanglantées. Ça ne les empêche pas de tomber à la baïonnette sur les Russes épouvantés de les voir surgir ainsi comme par miracle. Ils les dispersent, s'élancent à la poursuite des fuyards et s'avancent, sous une terrible canonnade, à travers un vignoble chargé de raisins.

La tentation est trop forte. Voilà les zouaves qui cueillent au passage le fruit vermeil et le savourent en fins gourmets sous la fusillade crépitante. Et mon incorrigible loustic de Zidore se met à crier avec l'accent des marchandes des quatre-saisons de son faubourg :

« Chasselas de
Fontainebleau!
frais comme l'œil!
deux sous le tas!
quatre sous
la livre! »

En bas,
l'armée bat
des mains. Enthou-
siasmés, pleins d'ar-
deur, les zouaves s'élan-
cent vers la tour du Té-
légraphe, qui est le point

culminant de la position ennemie. Le colonel Cler y arbore l'aigle
du 2ᵉ zouaves au milieu d'une grêle de balles. Une lutte terrible
s'engage; mais bientôt les longues colonnes des Russes battent en
retraite vers Sébastopol. Quelle ivresse, petit Riquet! Il me semblait
que je revenais aux beaux jours de ma jeunesse. Et le soir, toute ma
vieille peau d'âne frémit d'aise en entendant l'ordre du jour du
maréchal de Saint-Arnaud :

*Les zouaves se sont fait admirer des deux armées. Ce sont les
premiers soldats du monde.*

Alors le long siège de Sébastopol commença. Les zouaves firent
des prodiges d'héroïsme et de belle humeur dans cette guerre de
tranchées souterraines, cette guerre de taupes. Malgré une vie de
privations, un froid terrible, des engagements meurtriers, leur gaîté
ne se démentit pas un seul jour. Ils étaient les boute-en-train de

l'armée et, un jour même, ils installèrent un théâtre avec décors, orchestre et accessoires complets.

« Un théâtre! demanda Lambert avec de grands yeux étonnés, un théâtre... comme ça, sous le feu de l'ennemi!

— Mais oui, Riquet. Oh! ça n'était pas l'ennemi qui gênait beaucoup les zouaves quand ils avaient envie de s'amuser entre les durs travaux de la tranchée.

Notre théâtre fut vite installé avec quelques madriers, des planches, des toiles clouées sur châssis, des décors peints par les artistes du régiment. Et les acteurs ne manquèrent pas, je t'assure. Pour les jeunes premiers et les pères nobles, tout alla bien. Mais les belles barbes de nos zouzous gênèrent quelque peu pour les rôles de duègnes, de coquettes et de jeunes premières. Il fallut bien les sacrifier à la muse de la comédie.

Zidore Pluchon lui-même, nommé régisseur, consentit à faire couper sa moustache. Avec l'aide des cantinières, il s'improvisa une garde-robe féminine des plus réussies. Moi, pendant qu'il était en scène, je figurais à l'orchestre aux mains d'un camarade et je faisais gaîment ma partie dans les joyeuses opérettes de notre répertoire : *Les Saltimbanques, les Anglaises pour rire, la Chambre à deux lits, la Permission de dix heures...*

Un jour, je me rappelle, dans *Ma femme et mon parapluie*, Zidore accordait gracieusement sa main à un amoureux transi et nos grands chefs se pâmaient de rire, quand soudain, pif! paf! boum! badaboum! voilà les Russes qui nous rappellent brutalement qu'on ne les a pas invités. Vite, on court aux armes. Sans prendre le temps de se déshabiller, Zidore passe mon baudrier sur son corsage de mousseline et se met à battre l'alarme avec ardeur.

Déjà les Russes envahissent la tranchée; mais les zouaves se jettent sur eux à grands coups de baïonnette. Zidore Pluchon, toujours en jupes et boucles blondes, bat furieusement la charge. Un officier russe regarde avec stupeur cette jeune fille qui tape à tour de bras sur un tambour; mais le brave tapin ramasse prestement le fusil d'un mort, et il envoie au trop curieux officier le plus beau *coup lancé* qu'ait jamais exécuté une jeune première.

De terribles engagements venaient ainsi interrompre parfois nos distractions. Souvent même, l'affiche portait que le spectacle serait changé, plusieurs acteurs étant morts dans la bataille de la veille. Nous en perdîmes beaucoup à Inkermann, au Mamelon-Vert, à Tracktir, et notre troupe était bien réduite quand la guerre se termina, le 8 septembre 1855, par la prise de la tour Malakoff.

Ah! ce fut là, Riquet, que les zouaves s'illustrèrent. A l'heure désignée pour l'assaut, notre brave général Mac-Mahon lève son sabre.

« En avant, crie-t-il d'une voix éclatante. Tambours, clairons, la charge! »

Le refrain irrésistible éclate, provocant et superbe, apportant aux échos des redoutes ennemies une stupeur éperdue. Après une nuit de veille anxieuse, les Russes se reposaient dans une demi-quiétude. Une clameur désespérée s'élève parmi leurs hommes de garde :

« Voilà les Français! voilà l'assaut! »

De nos tranchées débordent des flots impétueux de gaillards qui bondissent et font irruption comme une bordée de mitraille. Ce sont les zouaves ayant à leur tête le colonel Collineau, qui s'élance, suivi de ses officiers et de ses sapeurs. Quel élan frénétique et endiablé! Sur le fossé qui entoure la forteresse, on n'a même pas eu le temps de jeter les ponts qui ont été préparés. Les assaillants se précipitent dans le vide. Quelques-uns se brisent les membres dans leur chute; d'autres, plus heureux, se font la courte échelle ou fichent des pics dans le parapet pour s'en servir comme d'échelons.

Bientôt les chéchias écarlates couronnent le talus de l'autre côté. Malgré la pluie de pierres et d'obus jetés à la main, des milliers de voix répètent le cri : « A nous Malakoff! » Sans attendre les échelles, les *chacals* se hissent le long de la muraille et parviennent devant des embrasures recouvertes de lourds rideaux en corde. A violents coups de tête, ils les soulèvent et pénètrent dans les batteries. Avant même qu'aucune arme ait pu être saisie par les Russes, nos braves garnissent le parapet. Une sanglante mêlée s'engage aussitôt. La baïonnette ne suffit pas dans ce terrible corps à corps, et la plupart

des défenseurs ayant été surpris les mains vides, on se bat à coups
de crosse, d'écouvillon, de pelle, de pioche, de pièces de bois arra-
chées aux blindages. Plus lestes, plus dégagés que leurs adversaires
embarrassés dans leurs longues capotes grises, nos zouaves les
entourent, les enlacent, leur coupent la retraite et peu à peu gagnent
du terrain.

Dans l'enivrement de leur succès, ils chassent les Russes de batterie en batterie, de défilé en défilé, jusqu'à leurs derniers retranchements. Le front ensanglanté de deux blessures, le colonel Collineau
s'est élancé au plus épais de la mêlée vers un rez-de-chaussée en
ruines. C'est tout ce que notre bombardement a respecté de la fière
tour Malakoff.

« Échec à la tour! » s'écrie-t-il.

A côté de lui, Zidore bat la charge avec une fougue que rien ne
lasse et s'élance, suivi d'une poignée de chevronnés, vers un fort
parti ennemi qui protège l'édifice à demi détruit avec une ténacité
indomptable. Ah! je te jure, Riquet, que je ne l'embarrasse guère,
car il gagne tous ses camarades de vitesse et, après avoir essuyé
sans être atteint, plus d'un coup de feu ou de baïonnette, il parvient
l'un des premiers au sommet du bastion.

Le général de Mac-Mahon ne tarda pas à l'y rejoindre, accompagné du caporal de zouaves Lihaut, un intrépide Parisien, qui tient
haut et ferme son fanion victorieusement planté parmi les décombres.
A côté de lui, les colonels Adam et de la Tour du Pin sont frappés
à mort. En cette minute d'effroyable péril, un major anglais se présente devant lui et lui demande de la part de son chef, le général
Simpson, s'il pense se maintenir dans la place. Du ton le plus
calme, Mac-Mahon se contente de répondre :

« Tout va bien, monsieur. Vous pouvez dire à votre général que j'y suis et que j'y reste. »

Ces derniers mots sont restés légendaires et ils ne furent pas prononcés en vain, car, malgré la fusillade, la canonnade, les explosions, les écroulements, le chef héroïque et ses zouaves ne se laissèrent pas déloger, et les Russes vaincus durent abandonner la forteresse et laisser Sébastopol entre nos mains.

Le lendemain, Zidore Pluchon ne se sentit pas de joie en apprenant qu'il avait obtenu la médaille militaire. Et moi, je me trouvai tout rajeuni, car cela me reportait à une autre journée glorieuse, celle de Wagram, après laquelle son père et sa mère avaient été décorés par le grand Napoléon.

Durant les journées qui suivirent la prise de Malakoff, nous vécûmes tranquillement, savourant et fêtant dans nos camps la magnifique renommée que nous venions d'acquérir. Les zouaves voisinaient avec des camarades de l'armée anglaise, de superbes highlanders d'Écosse aux jambes nues et au menton aussi soigneusement dépouillé de barbe que celui des chacals en était copieusement pourvu. Après avoir participé aux mêmes périls, ces compagnons d'armes fraternisaient et trinquaient à la commune gloire de la France et de l'Angleterre.

Pendant une retraite aux flambeaux où les cliques et les musiques de nos alliés étaient mêlées aux nôtres, j'eus l'occasion de faire la connaissance d'un tambour anglais qui se montra des plus aimables avec moi. Il était de solide confection et de modèle confortable comme le sont d'ordinaire les choses de son pays. Mais surtout, malgré son apparence de froideur britannique, c'était une nature vibrante avec laquelle je m'entendis tout de suite. Je

12

peux dire que nos cœurs battaient vraiment à l'unisson de nos peaux.

Ce fut avec regret que je le laissai pour reprendre ma place des marches silencieuses sur le dos de Zidore.

« Peut-être, lui dis-je, nous reverrons-nous un jour, cher ami, et pourrons-nous reprendre des relations aussi cordialement commencées.

— Hélas! fit-il, songez qu'il y aura toujours la Manche entre nous »

Il avait raison, mais je ne sais pourquoi un mot d'espoir me vint, et je lui répondis :

« Qui sait? »

CHAPITRE XIV

Il y avait quatre ans que nous étions retournés en Algérie, mon joyeux tapin et moi, et nous y avions respiré l'odeur de la poudre dans plus d'un rude combat, quand nous apprîmes qu'on faisait appel aux bras et aux jambes toujours prêts et dispos des zouaves contre un nouvel ennemi. Cette fois, il s'agissait d'aller en Italie. La France, poursuivant son rôle de protectrice des nations opprimées, nous envoyait délivrer du joug autrichien ce beau pays qui me rappelait tant de souvenirs.

Je n'oublierai jamais nos premières marches à travers les riches plaines et les villages fleuris de la Lombardie. Partout on nous recevait en amis et en libérateurs. Les hommes nous offraient leur meilleur vin, les femmes nous jetaient des fleurs, les enfants se précipitaient sur nous pour porter nos sacs et nos fusils. Avec son air dégourdi et son humeur facétieuse de Parisien, Zidore Pluchon se voyait encore plus fêté que ses camarades.

Ce fut à cette allure triomphale, que le 31 mai 1859, au petit jour, nous gagnâmes le village de Palestro, auprès duquel nous attendaient les Autrichiens.

L'empereur Napoléon III avait mis mon régiment, le 3ᵉ zouaves, à la disposition de son allié, le roi de Sardaigne. Un vrai soldat et de belle mine, ce roi Victor-Emmanuel II, qui portait un peu sur

l'oreille un petit bicorne emplumé et qui riait toujours d'un air bon
enfant sous de grosses moustaches qui lui remontaient jusqu'aux
oreilles. Le maréchal Canrobert lui présenta notre chef, le colonel de
Chabron.

« Sire, dit celui-ci en s'inclinant, j'espère que vous mettrez le
3ᵉ zouaves à l'épreuve.

— Soyez tranquille, » répondit le souverain avec un clignement d'yeux
significatif.

Et, en effet, ça ne traîne pas. Les Autrichiens ont
attaqué Palestro avec trois colonnes, dont l'une fait des progrès
menaçants pour les Sardes. C'est le moment d'appeler le 3ᵉ zouaves
à la rescousse. Les hommes sont tout bouillants d'impatience. Bien

campé sur un pur sang aux jambes nerveuses qui couvre son mors d'écume, Victor-Emmanuel passe devant nos rangs. En le voyant s'élancer sous l'ouragan des balles, les zouaves veulent le retenir parmi eux. Mais il leur dit :

« Laissez-moi, mes braves. Aujourd'hui il y a de la gloire pour tout le monde. »

Notre colonel lance ses hommes au plus vif du feu. Le terrain présente d'énormes difficultés; mais, dès que les zouaves se voient aux prises avec les tirailleurs autrichiens, ils se précipitent sur eux. Ni fossés, ni talus, ni vignes ne les arrêtent. Pourtant voici un obstacle qui paraît invincible : c'est un canal profondément encaissé entre des berges presque verticales jusqu'au bord duquel ils ont refoulé les habits blancs. N'importe! ils passeront sur la rive opposée sous le feu terrible des pièces ennemies.

Les fuyards ont emmené avec eux toutes les barques. Il faut découvrir un gué en hâte. Les malins chacals le trouvent vite devant un plateau sur lequel les Autrichiens ont établi une batterie de cinq pièces tirant à mitraille.

« Allons, les zouaves, aux canons! » leur crie le colonel de Chabron.

Les intrépides soldats entrent dans l'eau bourbeuse, soulevant au-dessus de leur tête fusil et cartou- chières. Ar- rivés sur l'autre rive, ils fran-

chissent au pas de course les trois cents mètres qui les séparent de la batterie. En un clin d'œil on est en haut et on tape, on cogne, on embroche.

Les cinq canons enlevés, nos zouaves s'élancent au plus épais de la cohue des fuyards, qu'ils acculent au bord de la Rittza-Boroza, petite rivière profonde dans laquelle ils les précipitent. Telle est leur irrésistible *furia*, qu'une vingtaine d'eux tombent dans l'eau en même temps que leurs ennemis. Il y a bien un pont, mais l'encombrement y est indescriptible. Les zouaves y lardent de leurs baïonnettes les Autrichiens refoulés, confondus, affolés, demandant grâce, et les jettent par grappes convulsées dans la rivière. Battant une charge frénétique, Zidore Pluchon entraîne les plus acharnés vers une batterie dont les survivants paraissent décidés à tenir bon. Mais bientôt le vieux capitaine qui la commande, resté seul au milieu de nos Africains, hurlants, bondissants, gesticulants, croit voir dans ces hommes noirs de poudre avec leurs baïonnettes rouges de sang des démons sortis de l'enfer.

« Le droit des gens! le droit des gens! crie-t-il, exaspéré. On ne se bat pas comme cela! »

Il n'en est pas moins fait prisonnier. En même temps, les bersaglieri du général sarde Cialdini prennent une sixième pièce. Palestro est dégagé; mais la mêlée n'en continue pas moins intense. Au milieu de ses troupes, Victor-Emmanuel donne l'exemple d'un mâle courage et du mépris du danger.

« Retirez-vous, sire, s'écrie le colonel de Chabron, ce n'est pas ici votre place.

— Dans le danger, répond le roi, ma place est au milieu des miens, et aujourd'hui vous êtes des miens. »

Il part à toute bride au milieu des chéchias de notre héroïque 3e, redressant la tête et offrant sa large poitrine aux balles. Mais déjà la bataille est gagnée. Zouaves et Sardes ramènent des centaines de prisonniers, coiffés pour la plupart du chapeau tyrolien emplumé des chasseurs autrichiens. Un fourgon pris à l'ennemi arrive au grand galop, conduit par deux vieilles barbes de chez nous qui ont enfourché crânement les chevaux de trait. Et sur le siège, mon Zidore, avec qui la gaîté ne perd jamais ses droits, crie à tue-tête :

« En avant, postillons, en avant! Prenons du bon temps à présent que nous sommes à cheval et en voiture. »

Quelques pas plus loin, des zouaves et des bersaglieri traînent des canons pris à l'ennemi en clamant joyeusement :

« Place aux nouveaux artilleurs! »

Un moment après nous vîmes arriver à cheval l'empereur Napoléon III, escorté par l'escadron des cent-gardes, des cavaliers
superbes avec leur tunique bleu de ciel et leur crinière blanche
retombant sur la cuirasse étincelante. Il venait féliciter Victor-Emmanuel. Mettant pied à terre, les deux souverains s'embrassèrent.

« Eh bien! mon cousin, demanda ensuite Napoléon III en lissant
sa longue moustache, que pensez-vous de mes zouaves?

— Personne n'en pense plus de bien que moi, répondit le roi. Si
tous vos soldats et les miens accommodent l'Autrichien à leur façon,
l'Italie ne sera pas longue à être délivrée. »

Ils passent alors en revue le régiment, qui se trouve disposé en
bataille sur la route où il a si magnifiquement bousculé l'ennemi.
Tous deux sont saisis par l'aspect de nos hommes encore tout fré-
missants et essoufflés, le visage basané débordant d'ardeur et de joie,
beaucoup d'entre eux blessés et cependant fermes au port d'armes,
d'autres se raidissant dans leurs larges pantalons dégouttants d'eau et
de vase. L'empereur adresse les plus chaleureuses félicitations au
colonel de Chabron et à ses rudes lapins, puis il se tourne vers
le roi.

« Mon cousin, lui dit-il, vous avez été admirable au feu. Mais
tant d'efforts héroïques ont dû vous causer bien de la fatigue.

— Ils m'ont surtout donné faim, s'écrie Victor-Emmanuel en riant
dans sa grosse moustache de capitan. Je n'ai rien mangé depuis
l'aube et je me sens un appétit!

— Certes, l'heure du déjeuner est passée depuis longtemps,
constate Napoléon III, et le moindre morceau à croquer ferait mon
affaire aussi bien que la vôtre. Malheureusement nous aurons de la
peine à trouver par ici ce qu'il nous faut. »

Le colonel de Chabron a entendu ce dialogue. Il s'approche respectueusement de son souverain :

« Sire, nos cuisiniers sont en train de faire la soupe. Si l'ordinaire du 3ᵉ zouaves ne fait pas peur à Vos Majestés...

— La cuisine des zouaves? se récrie Victor-Emmanuel. Si elle est à la hauteur de leur intrépidité, je veux y goûter tout de suite.

— Et je partagerai votre repas, mon cousin, annonce Napoléon III. Mais où nous installer? »

Alors ce débrouillard de Zidore, qui suivait la conversation sans en avoir l'air, me décroche, me pose à terre, puis, en un tour de main, sort de son sac une serviette immaculée qu'il étend sur ma peau d'âne. Après quoi, avec un flegme imperturbable, il prend la position réglementaire et met la main à sa chéchia en disant :

13

« Le couvert de Vos Majestés est mis. »

Trois minutes après, des chacals non moins dégourdis apportent cuillers, fourchettes et quarts d'étain. Enchantés de l'aventure, les deux souverains s'assoient à mes côtés, sur le rebord de la route. Et voilà qu'on pose sur ma modeste personne deux gamelles de soupe fumante et odorante à souhait.

Quel honneur pour moi, petit Riquet, et quelle explosion de fierté fit vibrer et résonner toute ma caisse! Servir ainsi de table à deux monarques illustres, à deux vainqueurs! Cela me rappela le jour où Napoléon Ier avait étalé sur moi son plan de bataille de Wagram et où j'avais senti sur ma peau la pointe de son crayon. Après avoir servi à l'oncle, je servais au neveu. Ce sont là de bien belles heures dans ma longue carrière.

« Oui, remarqua Lambert sur un ton légèrement soupçonneux, c'est étonnant ce que tu as fait de rencontres mémorables dans ta vie. Je me demande si tu n'exagères pas un peu. »

Je te jure que tout ce que je raconte est la vérité même. Vois-tu, nous autres tambours, on peut toujours nous accuser d'être bavards, parce que notre emploi nous y oblige, vantards aussi peut-être, parce que nous nous grisons de bruit. Mais, quand nous mentons, on s'en aperçoit tout de suite à notre son qui devient faux. Eh bien, pour ma part, je puis t'affirmer que j'ai toujours résonné juste. Mais, voyons, où en étais-je?

Ah! oui, au déjeuner de Napoléon III et de Victor-Emmanuel. Ma foi, ils firent tous deux un excellent repas, après lequel ils remercièrent cordialement le colonel de Chabron. Le roi de Sardaigne le félicita encore de la bravoure de ses zouaves.

« Vous devez être fier, lui dit-il, de commander à de pareils soldats, et ils doivent être heureux d'obéir à un chef tel que vous. »

Napoléon III avisa alors mon tapin Zidore :

« Merci à toi, mon brave, pour nous avoir procuré une table avec ton tambour. Tu m'as l'air d'un rude troupier. Combien de service?

— Seize ans, sire.

— Fichtre! c'est plus qu'il n'en faut pour passer caporal.

— Et même sergent, déclara Victor-Emmanuel.

— Eh bien! conclut l'empereur, va bien vite faire coudre tes galons d'or. »

Je te laisse à penser, Riquet, si nous étions contents tous les deux, Zidore et moi. Et pourtant je me disais :

« Pourvu que son nouveau grade ne nous sépare pas! »

Quand le vaillant roi de Sardaigne prit congé de nous, il laissa tout le monde enchanté de lui. Aussi, dans la soirée, nos zouzous décidèrent-ils de lui envoyer une députation pour lui offrir les galons de caporal au régiment. Aussitôt on forme un groupe choisi de sous-officiers, caporaux et soldats dont fait partie Zidore. Un officier le conduit. Le groupe se met en route pour le quartier général de Torrione, y arrive et insiste pour parler immédiatement à Victor-Emmanuel. Celui-ci est en train de goûter un repos bien gagné. Prévenu, il n'hésite pas à se lever et se présente, sans façon, en toilette de nuit devant ses compagnons d'armes.

Il accepte avec joie l'hommage des galons de caporal et répond par quelques mots bien frappés de sa voix vibrante et martiale. La députation lui répond par des bravos nourris. Il reconnaît alors Zidore Pluchon, qui fait encore plus de tapage que les autres.

« Tiens, fait-il, voilà notre sergent de ce matin.

— Eh! oui, sire, repart le facétieux tapin avec son aplomb ordinaire. Je n'ai pas voulu être en reste avec vous. Vous m'avez fait nommer sergent, et moi, je vous nomme caporal. »

« Mais, demanda alors Lambert, est-ce qu'il n'y a pas eu, pendant la grande guerre de 1914, un autre souverain qui a été, lui aussi, nommé caporal par des soldats? Il me semble que papa m'a parlé de ça. »

Oui, certes, et ce souverain, c'est Victor-Emmanuel III, roi d'Italie et allié de la France de 1915 comme son grand-père Victor-Emmanuel II avait été l'allié de la France de 1859. Ce sont les zouaves du 3ᵉ, dignes descendants de ceux de Palestro, qui lui ont envoyé ses galons pour lui montrer qu'ils reconnaissaient en lui le digne successeur du roi soldat qui avait si vaillamment combattu jadis au milieu de leur régiment.

CHAPITRE XV

1870

En rentrant en France après la paix, Zidore courut aussitôt embrasser son vieux père, mon brave Fanfan Pluchon, qui était maintenant établi tambour communal à Lourcy, petit village de la banlieue de Paris. Il avait obtenu la permission de m'acheter et il m'apportait à l'ancien grognard comme cadeau de joyeux retour.

« Tiens, père, fit-il en arrivant, voilà pour remplacer ton vieux chaudron de tambour. »

Je retrouvai Fanfan bien vieilli, mais toujours plein de santé et droit comme un I. Fanchon avait conservé son sourire avenant sous des cheveux d'un blanc de neige. Ils vivaient heureux, aussi unis qu'autrefois et fiers de leur gars Zidore.

Le père, enchanté, alla de suite chercher ses baguettes, et il exécuta sur moi un superbe roulement afin de m'essayer.

« C'est curieux, dit-il, il a tout fait le même son que celui que j'avais du temps du Petit Caporal. »

Cher Fanfan, il ne m'avait pas oublié !

Je vécus alors d'une bonne vie tranquille. Tous les jours je sortais suspendu au baudrier du vieux Fanfan et, après quelques coups de baguettes aussi bien appliqués que jadis, il annonçait aux gens du pays toutes les nouvelles possibles et imaginables : objets perdus, arrêtés de *Mossieu* le maire, arrivée d'un théâtre forain ou

d'un déballage de chaussures, évé-
nements politiques d'importance. Ça
n'était pas toujours très intéressant, mais ça
n'empêchait pas les commères de Lourcy d'ac-
courir sur le pas de leur porte et tous les
gamins du pays de faire cercle autour de nous.

Le soir, j'écoutais mes vieux maîtres s'entretenir devant
l'âtre de leur passé glorieux. Ils me prodiguaient tous les soins
possibles, et il fallait voir comme mon cuivre était frotté, astiqué
et reluisant. C'est à peine s'ils consentaient à me prêter, de temps
en temps, une heure à leurs voisins pour faire sortir les escargots,
la nuit, quand la pluie avait bien détrempé la terre.

La paisible vie de notre village s'écoulait sans trouble ni
graves incidents. Pourtant, par un matin ensoleillé de juillet 1870,
Fanfan et moi nous annonçâmes aux habitants une grande et

passionnante nouvelle : la France venait de déclarer la guerre à la Prusse.

Mon vieux soldat commença par déborder d'enthousiasme et par faire resplendir partout un visage débordant d'ardeur guerrière et d'invincible confiance. Avec un air d'assurance triomphante il répétait :

« Nous sommes entrés à Berlin après quelques jours de campagne, nous autres, les grands-pères. Nos petits-fils connaissent maintenant le chemin et ils ne seront guère plus longs que nous à arriver au but. »

Hélas! pauvre Fanfan! Il apprit avec stupeur, mais sans trop d'angoisse, nos premières défaites de Wissembourg, Frœschwiller et Forbach.

« Les chocs de début ne signifient pas toujours grand'chose, » disait-il.

La bataille de Rezonville, où nos troupes tinrent l'ennemi en échec, lui rendit toute sa sérénité. Mais la capitulation de Sedan faillit lui donner un coup de sang. Pendant deux jours, un sombre désespoir s'empara de lui et lui fit oublier de boire et de manger. Il avait commencé par nier le désastre, mais il lui fallut bien se rendre à l'atroce certitude.

Et puis une autre terrible nouvelle ne tarda pas à se répandre. La rage au cœur, le vétéran des grandes victoires napoléoniennes dut la tambouriner dans le pays, de ses mains devenues pour la première fois tremblantes et mal assurées en maniant ses baguettes : les Prussiens s'avançaient à grandes journées pour venir assiéger Paris. On disait même qu'ils allaient occuper Lourcy. Ce n'était que trop vrai. Quelques jours après, je revis les petits tambours plats que nous avions si vite fait taire à Iéna. Sous les casques à pointe, je reconnus les grandes barbes rousses et les yeux clairs des vaincus d'autrefois.

Une fureur inexprimable m'emplissait. Ah! pourquoi le grand empereur d'Austerlitz et de Wagram n'était-il plus là pour nous défendre? La douleur de Fanfan me fit craindre pour sa vie. Il était si vieux! Songe donc, Riquet, qu'il touchait à ses quatre-vingt-dix ans. Le soir, près de son foyer, il pleurait longuement avec Fanchon et il tendait vers l'ennemi son poing impuissant de vieillard qui avait battu tant de charges victorieuses.

Par un soir lugubre de décembre, tous deux rêvaient tristement dans leur maisonnette. Au dehors, la canonnade tonnait à toute volée, car il y avait eu, dans la journée, une bataille terrible à deux kilomètres de là, au Bourget, et l'armée de Paris se repliait, semant les blessés et les traînards. Quelques mobiles étaient même venus jusqu'à Lourcy, mais ils avaient été vite faits prisonniers par les grand'gardes allemandes.

Soudain la porte s'ouvre brusquement, et un capitaine d'infanterie paraît, l'œil hagard, les vêtements boueux et en lambeaux. Un morceau de linge sanglant couvre, sous le képi, ses cheveux déjà grisonnants. Dans ses mains fébriles il tient un drapeau. Grand Dieu, quelle surprise! Je reconnais Zidore Pluchon.

« Père, mère, écoutez-moi, dit-il d'une voix haletante, car je n'ai que quelques minutes à moi, et les Prussiens sont peut-être déjà sur mes traces. Voici le drapeau de mon régiment que je viens d'arracher des mains de notre porte-drapeau tué raide... J'ai été brusquement séparé de mes hommes, et je ne sais si je parviendrai à les rejoindre. En tout cas, il ne faut pas que notre drapeau tombe aux mains de l'ennemi...! Cachez-le bien, je vous le confie. »

Le vieux grognard s'est levé. Son œil brille des flammes d'autrefois. Fanchon est muette d'émotion.

« Le cacher? mon fieu, ben sûr, dit Fanfan. Mais où? Faut pas
qu'ils le trouvent, ces gueux! Ah! non, faut pas ça! »

Le capitaine jette un regard rapide sur la petite salle.

Soudain il m'avise sur ma planchette.

« Tiens, père, ton tambour! Jamais ils ne penseront qu'on l'a
mis là dedans.

— T'as une bonne idée, p'tit gars, fait le vieux avec un éclair de
joie. Ben sûr qu'on regardera pas là dedans, pas plus qu'on y regardait à Gênes et dans les Russies. »

Alors, tandis que Fanchon enlevait ma peau d'âne, le capitaine
détacha la soie tricolore, dévissa l'aigle de la hampe. Il les mit pieusement dans ma caisse, qu'il referma.

Puis, après un baiser rapide, il disparut dans la nuit froide.

« Adieu, père! adieu, mère! Bientôt, j'espère, je reviendrai vous
demander mon drapeau. »

Ah! les Prussiens ne l'ont pas eu, celui-là, petit
Riquet. Le père Fanfan continua à me sortir comme
par le passé, pour détourner jusqu'à l'ombre d'un
soupçon. Seulement il ne battait pas, car ma caisse
n'aurait pas eu ses sonorités habi-
tuelles, et les gens auraient voulu savoir pourquoi. Les Prussiens circu-
laient autour de nous; il fallait
voir comme il jubilait, le malin
vieux de la vieille, à l'idée qu'il
promenait sous leur nez l'inso-

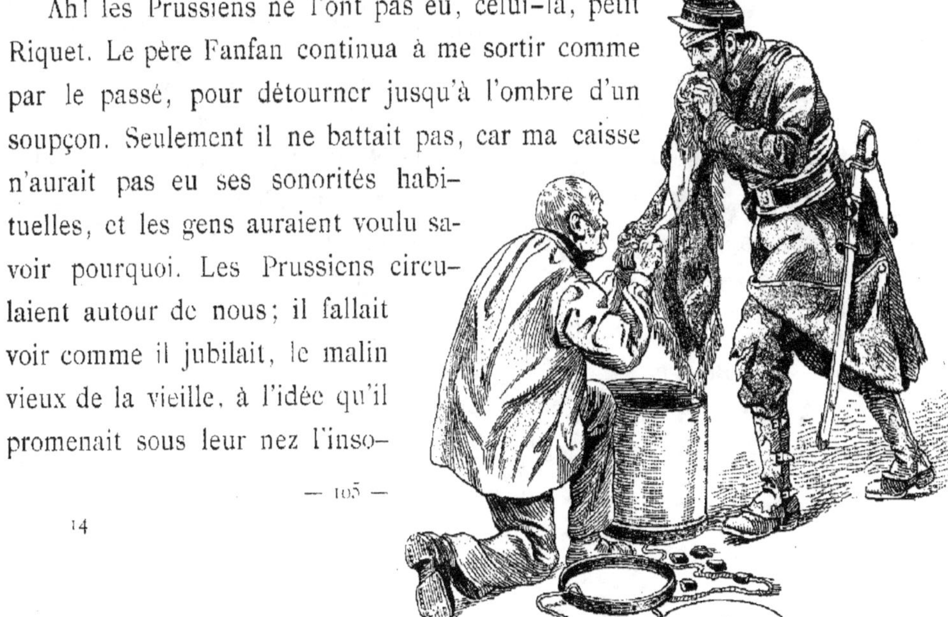

14

lence d'un drapeau tricolore... Moi, je débordais de joie et d'orgueil, en songeant que je cachais au fond de ma pauvre vieille caisse l'emblème sacré de la patrie.

Malheureuse patrie! Des mois passèrent, bien cruels pour elle, pour ses soldats vainement vaillants et opiniâtres, pour tous ses enfants atterrés par la fatalité d'une défaite inéluctable. Une paix déchirante nous arracha l'Alsace et la Lorraine, et il fallut songer à refaire une France plus forte et défiant dans l'avenir les sournoises entreprises de notre irréconciliable ennemi : l'Allemand.

Un jour, le capitaine Pluchon, qui était devenu commandant, vint à Lourcy redemander à son père le drapeau que j'avais si bien gardé, pour le rapporter à son régiment. Il était accompagné par un joli petit garçon aux boucles blondes qui était son fils. Mais quelle affreuse tristesse attendait dans l'humble logis familial l'ancien tambour des zouaves! Les malheurs de la guerre avaient si fort éprouvé le vieux Fanfan, que depuis trois jours il se mourait et son fils le trouvait à l'agonie. Mais il avait gardé toute sa lucidité d'esprit, et, tandis que sa dévouée Fanchon s'efforçait de lui cacher ses larmes, c'était avec la plus admirable paix de l'âme et du visage qu'il voyait s'avancer la mort.

« Reprends ton drapeau, Zidore, dit-il au commandant, et rends-le aux braves soldats dont il représentait l'honneur. Celui-là, au moins, va resplendir de nouveau sous le ciel de France. Mais dire que tant d'autres restent aux mains de ces Allemands maudits! Ah! mon gars, j'espère bien que t'iras les leur reprendre un jour.

— Peut-être ne vivrai-je pas assez pour cela, répondit Zidore. Mais, si je n'ai pas le temps de remplir la belle tâche dont nous rêvons tous, ce sera mon petit Louis qui s'en acquittera. Sois tran-

quille, père, ils nous reviendront en un magnifique jour de gloire,
nos chers drapeaux de Sedan et de Metz. »

Il poussa vers le lit de l'aïeul son petit garçon, dont le rose visage
venait de s'empreindre de gravité. Celui-ci entoura de ses bras le
cou du mourant en disant :

« Oui, grand-père, je les ramènerai, ces drapeaux que tu aimes
tant! »

Fanfan le serra tendrement dans ses bras, puis il continua :

« Il me vient une idée, mon Zidore, oh! une idée que tu vas trouver un peu bizarre. Mais, vois-tu, quand on est aussi près que moi
de passer l'arme à gauche, il est bien permis de déménager un brin.
Puisque je ne pourrai voir la revanche de la France contre son odieux
vainqueur, je serai content qu'il y ait quelque chose de moi qui
y prenne part. J'ai là un vieux compagnon que j'aime bien,
quoique je tape dessus depuis douze ans : c'est mon tambour. Il est
encore assez solide pour ne pas être proposé pour la réforme. S'il
assistait à la grande victoire future, lui qui ne s'en va pas comme
moi, il me semble que ça serait un peu de mon âme qui mènerait au
combat ceux qui rendront à la patrie son étendue et sa puissance
d'autrefois.

— Eh bien! père, tu peux y compter, répondit le commandant; il
sera fait comme tu le désires. »

Ah! Riquet, quelle tendresse, quelle reconnaissance je sentis
encore grandir en moi pour mon vieux grognard, pour l'ancien tapin
de ma jeunesse, qui venait de décider que je lui survivrais dans la
bataille et qui me laissait ainsi un héritage de gloire.

Il continua ensuite à causer tranquillement avec les siens, régla
lui-même quelques affaires de famille, parla avec vénération de son

Empereur et de sa croix de Wagram. Puis le curé du village vint lui administrer l'extrême-onction, qu'il reçut avec une pieuse sérénité, car il avait toujours vécu en digne et honnête homme et il n'éprouvait aucune crainte de se présenter devant Dieu. Lorsqu'il eut, une dernière fois, baisé le crucifix que lui tendait le prêtre, il fit un dernier effort pour adresser à ceux qu'il laissait derrière lui les suprêmes mots de consolation.

Et il s'éteignit doucement en souriant à la mort comme au temps où il était un gamin insouciant battant la charge dans la plaine de Valmy ou sur le pont d'Arcole.

CHAPITRE XVI

Depuis lors, je suivis dans ses garnisons le commandant Pluchon, qui me gardait chez lui comme un souvenir doublement cher, puisque je lui rappelais à la fois son père et sa jeunesse. Afin de mieux me conserver, il m'avait fait complètement remettre à neuf, et c'est bien grâce à lui que j'ai pu aussi longtemps jouir de l'existence et voir encore de grandes choses. Ne trouves-tu pas, Riquet, que ma destinée ressemble à celle du couteau de Gribouille, dont le propriétaire renouvelait tour à tour la lame et le manche?

« Sans doute, reconnut Lambert. Mais sans cela tu n'aurais jamais pu devenir le doyen des tambours de France. »

Je vécus alors des années oisives et silencieuses au fond d'un placard. De temps en temps j'étais tiré de celui-ci par le fils de Zidore, ce gentil petit Louis aux cheveux bouclés qui l'avait accompagné au lit de mort du vieux Fanfan et que son père laissait jouer avec moi, en le surveillant, afin qu'il n'oubliât pas trop les ménagements bien dus à un vieil ami de la famille tel que moi. Il me malmenait quelque peu et me faisait attraper plus d'un horion contre les meubles; mais je n'en acceptais pas moins avec attendrissement ses coups de baguettes inexpérimentés.

Un jour vint où il entra au collège et se mit à travailler comme tu devrais le faire, Riquet. A l'exemple de son père et de son grand-

père, il avait décidé de servir son pays par les armes ;
mais la mer l'attirait et il voulait devenir officier de ma-
rine. A dix-sept ans, il se fit recevoir à l'École
navale, et je le vis successivement avec les
galons d'aspirant, d'enseigne, de lieutenant
de vaisseau et de capitaine de frégate. Mon
brave Zidore avait atteint l'âge de la retraite
et menait une existence unie et calme, heureux de voir son fils continuer les traditions
d'honneur et de devoir de la famille. Comme
Fanfan, il mourut dans un âge avancé, et
je devins alors la propriété du commandant Louis Pluchon, mon
tambourineur novice d'autrefois.

Au commencement d'août 1914, nous nous trouvions tous deux
à Brest quand éclata la terrible nouvelle qui devait retentir si profondément dans le monde entier : avec la brutalité cynique et l'avi-
dité de conquêtes dont elle avait toujours fait preuve, l'Allemagne
venait de se jeter de nouveau sur la France.

Le capitaine de frégate Pluchon fut aussitôt désigné pour former
un bataillon de fusiliers marins, dont il devait prendre le comman-
dement. En même temps, se rappelant la promesse de son père à
Fanfan de me donner ma place dans la guerre de revanche, il me fit
consciencieusement astiquer et m'envoya au dépôt des équipages de
la flotte.

En quelles mains allais-je tomber, moi qui n'avais connu jusqu'alors que des tapins aussi pleins de vaillance dans la bataille
que de maîtrise dans leur jeu ? Cette fois encore le hasard me servit
à souhait.

Le commandant Louis Pluchon avait un filleul d'un peu moins de seize ans, fils de braves pêcheurs de Concarneau, qu'il avait fait entrer à l'École des mousses. Il s'appelait Yves Diagorn; mais son parrain l'avait surnommé Bougillon, parce qu'il était tellement remuant, qu'on eût juré qu'il roulait du vif argent dans ses veines. Cette difficulté de tenir en place, cette perpétuelle envie de gambader le faisaient souvent punir à l'École. Il avait un peu ta manière de comprendre la discipline, Riquet. Mais, comme toi aussi, il portait en lui un cœur bon et tout vibrant de nobles sentiments. Le commandant Louis Pluchon lui répétait souvent :

« Il faudrait te passer une amarre, Bougillon, pour être sûr de te retrouver à la même place. »

Dès qu'il sut qu'on formait à Brest un bataillon de fusiliers marins qui allait partir de suite à l'ennemi, Yves Diagorn vint trouver son parrain pour le supplier de l'y enrôler.

« Mais, objecta l'officier, tu n'as pas encore l'âge de t'engager.

— Bah! il ne me manque que trois mois, repartit le gamin. Est-ce qu'on peut regarder à trois mois quand l'ennemi est chez nous?

— Mais je ne puis emmener à la guerre un matelot aussi peu ferré que toi sur le métier de fusilier.

— Eh bien! commandant, j'étais tambour à l'École des mousses et je ne crains personne pour le roulement. Emmenez-moi comme tambour. »

Voilà comment je devins le compagnon de ce gentil et intrépide Bougillon, dont les grands yeux vert de mer brillaient d'un éclat candide au-dessus de bonnes joues rondes et hâlées par le soleil.

Notre bataillon faisait partie d'une brigade de fusiliers marins

que commandait l'amiral Ronarc'h, un rude Breton au visage éner-
gique et à la volonté de fer. Au commencement d'octobre, nous arrivâmes dans la Flandre belge, puis l'on nous donna pour tâche redoutable de retenir l'ennemi le plus longtemps possible devant la petite
ville de Dixmude et de l'empêcher de passer la rivière d'Yser qui
coule au pied de celle-ci, afin de le couper de la route de Dun-
kerque.

Nous avions déjà fourni bien des marches fatigantes et des combats meurtriers ; mais il s'agissait seulement, nous dit-on, de tenir
quarante-huit heures dans un terrain plat et marécageux sillonné
de ces canaux d'irrigation qu'on appelle dans le pays des *watergands*.
Nous occupâmes solidement les tranchées qu'avaient creusées les
Belges et répondîmes à la première attaque boche par un feu nourri et bien ajusté. Mais l'ennemi parvint bientôt à trois cents mètres de nous et, abrité dans des fermes, il commença à faire pleuvoir sur nos malheureux mathurins.

qui la reçurent stoïquement, une grêle ininterrompue de balles et
d'obus.

Les quarante-huit heures pendant lesquelles on nous avait
demandé de tenir s'allongèrent de bien d'autres heures pénibles et
meurtrières. Par degrés, nous dûmes abandonner un peu de terrain.
Les Boches tenaient Dixmude sous un tel feu d'artillerie lourde
qu'on ne s'entendait plus. C'était un perpétuel tonnerre de ces
énormes obus auxquels nos soldats avaient donné le surnom de
« marmites ».

Après quoi ils lancèrent sur nous de véritables trombes d'infanterie, des colonnes d'attaque sans cesse renouvelées dont les rangs
profonds et serrés avançaient comme à la parade en chantant un
hymne de guerre et en poussant de rauques cris de « Vorwaerts! »
(En avant!) ces cris sauvages que je n'avais pas oubliés pour les
avoir entendus tant de fois depuis Valmy. Mais nos fusils et nos
mitrailleuses firent de si horribles trouées parmi ces agresseurs
farouchement opiniâtres, qu'ils durent se retirer en laissant der-

rière eux de larges taches couleur vert-de-gris qui étaient des monceaux de cadavres.

Courte accalmie! Les jours suivants, il faut tenir de nouveau sous un ouragan de fer et de feu. Un air de défi dans leurs yeux clairs de Bretons, nos matelots ne s'en portent pas moins hardiment en avant, ne trouvant pour se dissimuler que de maigres haies d'épines, à travers lesquelles les projectiles passent comme de l'eau dans une écumoire. Notre malheureuse brigade fond à vue d'œil, et cependant, malgré la promesse qui nous a été faite, il faut qu'elle reste cramponnée à ce terrain bouleversé, défoncé, retourné et que le vent, la pluie, le grésil et la grêle battent à l'unisson de la fusillade et du canon.

On lutte nuit et jour, sans bien savoir quand on dort ni quand on mange, tout juste soutenus par de maigres distributions de riz, de viande de conserve et de café. Mais qu'importe, puisque les Boches n'ont pas passé l'eau, qu'ils ne la passeront pas!

D'ailleurs, un allié est en train de venir à notre secours. C'est l'inondation habilement provoquée par les Belges. Les *watergands* débordent; les moindres flaques d'eau se sont transformées en mares; le lit de l'Yser s'est changé en un lac qui grandit, grandit à chaque heure et va bientôt s'étendre jusqu'à nous. Secours opportun, car de Dixmude il ne reste plus qu'un amoncellement de décombres et qu'un effroyable charnier.

Au milieu de l'enfer que sont devenues nos tranchées, mon petit Bougillon reste superbe d'entrain et d'endurance. Tout à l'heure le commandant Pluchon est passé auprès de nous en inspectant les postes de combat.

« Eh bien! ça va, mon gars? a-t-il demandé à mon petit tapin.

— Je crois bien que ça va, commandant, a répondu le gamin.
Et pour que le Boche passe l'Yser, c'est midi sonné. Il verra que
l'amiral est têtu comme un Breton et qu'il commande à des Bretons
aussi têtus que moi. »

Eh bien! Riquet, quoiqu'il ait renouvelé ses tentatives jusqu'au
12 novembre, le Boche n'a pu, en effet, parvenir à franchir la rivière.
Il dut se contenter d'un succès dont il ne put tirer aucun avantage :
la prise de Dixmude. Et encore les fusiliers marins la lui firent payer
bien cher.

Barricadés dans la ville, utilisant les maisons, les carrefours,
le cimetière, la moindre ruine, pour s'embusquer et se retrancher,
ils tinrent en échec jusqu'à la dernière limite de la résistance les
masses allemandes surgissant de partout, à gauche, à droite, devant
nous, derrière nous. Quelle effroyable mêlée! L'enchevêtrement des
combattants atteignit de suite un tel degré qu'on ne pouvait plus
se servir du fusil et qu'on se battait à coups de baïonnette, à coups
de crosse, à coups de tête, à coups de poing. Avec son revolver,
Bougillon abattit deux gaillards à barbe rousse à qui il venait tout
juste à l'épaule. Il était enragé, le petit homme.

Mais voici que la lutte touche à sa fin. La brigade Ronarc'h se
rabat sur l'autre bord de la rivière, renonçant, après vingt-quatre
jours de résistance, à ce foyer de pestilence, à ces débris fumants
qui marquent l'emplacement de Dixmude.

Dès que tous les nôtres auront passé l'Yser, l'amiral fera sauter
les ponts. Un des officiers du commandant Pluchon s'attarde dans
la ville avec une cinquantaine de braves qui n'entendent pas ou
ne veulent pas entendre le clairon de la retraite. Le visage noir de
poudre, les yeux étincelants de l'ardeur de ce combat suprême où

il s'est montré digne de ses ascendants, le fils de Zidore demande aux matelots qui l'entourent :

« Qui va aller chercher le lieutenant pour qu'il nous rejoigne?

— Moi, commandant! » s'écrie Bougillon.

Ainsi le brave enfant ne craint pas de se replonger au plus mortel de la bataille. Tandis que je ballotte derrière son dos, il s'élance au milieu des innombrables projectiles qui font du ciel une nappe de feu. Il parvient néanmoins jusqu'à l'officier, lui communique l'ordre reçu, puis le précède au pas de course vers le gros de la brigade.

Tout à coup il s'arrête, et je sens qu'il chancelle. Qu'a-t-il donc? Rien de grave sans doute, car il poursuit son chemin d'un pas ralenti, mais toujours sûr.

Le voici qui rend compte de sa mission à son parrain :

« Le lieutenant arrive, commandant. Vous en faites pas. »

Mais le commandant vient de remarquer une large tâche rougeâtre au milieu de la capote du brave petit tambour. Avec un accent d'affectueuse inquiétude, il s'écrie :

« Tu es blessé, mon enfant! »

Alors, à bout de force, l'ancien mousse à la turbulence joyeuse s'affaisse à terre en murmurant :

« J'ai reçu un pruneau qui ne passera pas, commandant. Plus besoin d'amarre pour Bougillon. »

Et doucement, sans une plainte, il s'éteint sous les yeux de son protecteur, dont les yeux s'emplissent de larmes.

Pauvre petit héros! Quelle douleur poignante me prit et quel pieux souvenir je devais lui garder! Mais j'ai gardé aussi une grande fierté de ces terribles heures de Dixmude où la brigade Ronarc'h laissa la moitié de son effectif et 85 pour 100 de ses officiers. Depuis lors, les Boches n'ont pas oublié ces admirables combattants qui montraient presque tous sous le béret un visage imberbe et souriant, ainsi que Bougillon. Pour leur allure jeune, dégagée, presque coquette, ils leur donnèrent ce surnom : « les demoiselles au pompon rouge. » Ah! ces demoiselles au cœur indomptablement viril, on ne se rappellera pas moins chez nous la façon dont elles ont justifié, jusqu'au dernier souffle, la devise de notre flotte : « Tiens bon! »

CHAPITRE XVII

Après la mort de mon vaillant petit matelot, on m'emporta dans un fourgon de matériel, pêle-mêle avec des fusils, des sacs et des cartouchières qui avaient appartenu eux aussi à des braves tombés au champ d'honneur. Puis je restai quelque temps à Rouen dans un dépôt d'infanterie, où je fis une curieuse rencontre qui me reporta avec une douce émotion vers le passé.

Je m'ennuyais à mourir sur ma planche, quand j'entendis, juste à côté de moi, une voix un peu sourde, comme sont toujours les voix de tambour, fredonner la *Retraite de Crimée,* un vieil air bien connu que j'avais naguère accompagné pour la première fois devant Sébastopol, après la prise de la ville. Fort intrigué, je demandai :

« Qui donc chante ici?

— C'est moi, monsieur, répliqua la voix que j'avais déjà entendue. Mais je serais désolé que ça vous dérange, car un tambour anglais doit toujours se conduire en gentleman. »

L'accent, le timbre de cette voix furent pour moi une révélation, et je me rappelai tout d'un coup cette retraite aux flambeaux où j'avais fait, en Cri- mée, la connaissance d'un tambour anglais qui avait gagné ma sympathie. Pas de doute, c'était lui, devenu un vétéran comme moi. Et nous nous retrouvions encore compagnons d'armes, grâce à une nouvelle alliance de son pays et du mien contre un même ennemi.

Nous nous reconnûmes avec une mutuelle effusion, car il avait également gardé bon souvenir de moi. Et, dès lors, nos heures d'inaction se firent moins mornes, occupées qu'elles étaient par le rappel de nos souvenirs d'Orient et l'échange de nos espoirs chaleureux pour le triomphe final de nos armées. De nouveau nous vibrâmes à l'unisson. Jamais, Riquet, tu n'as vu entre tambours d'entente plus cordiale.

Et puis un jour arriva où l'on vint nous chercher tous deux pour nous rendre au combat la place d'honneur que nous attendions impatiemment. Nous nous quittâmes avec regret, mais la caisse battant d'un même enthousiasme. Mon camarade d'outre-Manche fut envoyé du côté de la Somme, et moi je fis partie d'un lot de fournitures à destination de Verdun.

Un camion automobile me déposa dans cette ville placée comme une sentinelle avancée auprès de la frontière et qui a déjà subi plus d'un siège, car elle barre à l'envahisseur la route de Paris. J'étais affecté au 142ᵉ d'infanterie, et, le soir même, un nouveau tapin battait vigoureusement sur moi la soupe, l'appel et l'extinction des feux. C'était un solide gaillard de trente-cinq ans, à l'œil vif et fier et à l'épaisse moustache noire martialement relevée. J'appris rapidement qu'il était réserviste, marié, père de deux enfants et qu'il s'appelait...

Ah! combien ce nom me fit tressaillir!

N'était-ce pas une coïncidence providentielle, comme celle qui m'avait autrefois fait rencontrer Zidore Pluchon? Mon nouveau pos-

sesseur s'appelait Raymond Lambourdesque, et je sus bientôt qu'il
avait de qui tenir, car, le lendemain du jour où je fis sa connaissance, je l'entendis déclarer à un de ses camarades qui lui parlait de
ces gaz asphyxiants et de ces liquides enflammés que les Boches
avaient introduits avec tant de barbare
férocité dans la guerre moderne :

« Voilà qui aurait bien étonné mon
aïeul Marius. Et pourtant il ne
s'étonnait pas de grand'chose, car
il était de Marseille et il avait fait
la guerre pendant vingt ans
avec Napoléon. »

Raymond Lambourdesque,
lui, n'avait pas gardé l'accent
méridional et l'indémontable
hâblerie de son arrière-grand-père,
car il était né à Nancy. En bon
Lorrain, il aimait passionnément la
France, et cet amour avait encore
grandi le jour où il avait épousé
une Alsacienne. Lorsque avait éclaté
la guerre, il avait quitté sa femme
sur cette ferme assurance :

« Nous allons leur reprendre
ton cher Strasbourg, Grétel, et je t'y ramènerai en vainqueur. »

Et Grétel l'avait embrassé en disant :

« Va te battre, mon homme. Je sais bien que tu es prêt à verser
jusqu'à la dernière goutte de ton sang pour me tenir parole. »

En effet, le brave tambour ne boudait pas au feu, et ses camarades ne se ménagèrent pas davantage quand il s'agit de défendre
pied à pied les retranchements qui protégeaient Verdun. Ah! quels
admirables combattants que ces poilus qui acceptaient sans plainte
et sans défaillance la plus longue, la plus pénible, la plus atroce des
guerres!

Bien qu'ils fussent, en presque totalité, d'anciens civils pacifiques et laborieux, arrachés brusquement à la vie de famille, à
des habitudes tranquilles et à un métier sédentaire, je retrouvais
en eux l'intrépidité, l'endurance et l'entrain que j'avais observés
jadis chez les volontaires de 92, chez les grognards de la vieille
Garde, chez les chacals chevronnés d'Algérie, de Crimée et d'Italie.

Vois-tu, Riquet, dans tout Français il y a toujours un soldat
qui s'ignore souvent, mais qui s'éveille toujours au premier appel de
la patrie. J'avais été émerveillé jadis par les hauts faits des grands-
pères et des pères. Eh bien! c'étaient les mêmes hommes à la trempe
invincible que je retrouvais chez les petits-fils. Et qu'ils s'appelassent Pluchon, Lambourdesque ou de n'importe quel autre
nom, ils dépassaient encore en vaillance, en énergie, en esprit de
dévouement et de sacrifice ceux qui avaient enthousiasmé mes premières années.

Et puis, chez beaucoup de ces soldats, l'ardent patriotisme se
fortifiait du merveilleux soutien de la foi. Je n'oublierai jamais une
messe dite sur le front, en plein air, et pour laquelle j'avais servi,
avec quelques autres tambours, à édifier un semblant d'autel. Celui-
ci était bien humble, bien misérable sous la simple serviette blanche
qui le recouvrait. Mais comme les assistants sentaient bien que Dieu
était descendu parmi eux, dans ce paysage dévasté par le bombarde-

16

ment! Et quelle dévotion sublime courbait leurs têtes sous la béné-
diction d'un prêtre-soldat dont les souliers boueux et les bandes mol-
letières apparaissaient en dessous de la chasuble empruntée à quelque
humble sacristie villageoise!

Avec mes nouveaux compagnons d'armes, je revécus devant Verdun la rude et épuisante guerre de tranchées dont j'avais fait
l'apprentissage au siège de Sébastopol. Mais combien elle m'apparut
plus cruellement fertile en misères et en souffrances de toutes sortes,
plus meurtrière, plus implacable! Il semblait que tous les maux du
monde s'étaient ligués contre nos infortunés fantassins.

A l'angoisse de l'attaque toujours prête à se dé-

clancher, des projectiles sillonnant la nue sans arrêt, de la mort éter-
nellement suspendue au-dessus des fronts casqués d'azur, se joi-
gnaient le surmenage des forces harassées et à bout, le manque de
sommeil et parfois de nourriture, la morsure de la gelée, l'enfon-
cement jusqu'à mi-jambe dans l'eau glacée, les jets de liquides
brûlants et l'intoxication par les gaz qui tordaient leurs victimes en
d'effroyables tortures.

Le 21 février 1916, une terrible bataille commença, dans laquelle
les masses allemandes se précipitèrent sur nos lignes avec l'élan
déchaîné d'une marée montante.

Puis toute une série de bombardements infernaux accabla nos
positions, les cribla et les pilonna à tel point qu'on aurait pu croire
que défenses et défenseurs allaient s'en trouver pulvérisés. Mais,
sous la grêle exterminatrice, le poilu continuait à tenir, à obéir sans
l'ombre d'une récrimination à notre chef héroïque, le général Pétain,
et à se jurer que le Boche ne passerait pas. Serment sublime qui
avait déjà coûté la vie à bien des braves de mon 142ᵉ quand la compagnie de Raymond Lambourdesque fut désignée pour aller occuper
le fort de Vaux.

Construit en béton armé, sur une colline, ce fort montait la garde
devant Verdun, face à Thionville. Dès le mois de mars, les Boches
avaient en vain lancé sur lui d'énormes masses d'infanterie. Quand,
à la fin de mai, nous y arrivâmes, mon tapin et moi, les assauts
avaient cessé; mais les grosses pièces allemandes avaient continué
à le prendre pour objectif principal et elles déversaient sur lui chaque
jour huit mille projectiles. Aussi le vîmes-nous réduit à l'état de ruine
et offrant des brèches béantes par lesquelles il semblait que l'ennemi
pourrait entrer comme il le voudrait, s'il atteignait le pied de la position.

Narguant le bombardement qui s'entêtait à s'abattre sur les débris des parapets, nous nous installâmes dans un abri souterrain, côte à côte avec les camarades qui composaient déjà la garnison. Ils étaient peu nombreux, et c'est tout juste si, après notre arrivée, on put compter six cents défenseurs.

« Ça manque un peu de clarté par ici, fit Lambourdesque en me posant, dans l'ombre, sur la paille qui jonchait le sol de notre abri. Mais, au moins, on n'est plus assourdi par le canon et l'on peut causer. »

Et, à la lueur d'une chandelle emmanchée dans la poignée d'une baïonnette fichée dans la muraille, il commença une partie de cartes avec ses voisins.

Le brave garçon ne trouva pas le loisir d'en faire beaucoup d'autres. Depuis trois mois, la ténacité des poilus devant Verdun sauvait la France et émerveillait le monde. Au moment où nous venions participer à la défense du fort, les Boches allaient employer tous les moyens et dépenser les hommes sans compter pour en venir à bout. Mais nous étions commandés par un héros, le commandant Raynal, qui avait décidé de lutter jusqu'à la dernière minute possible.

Le 1ᵉʳ juin, à 8 heures du matin, les uniformes verdâtres sortent de leurs retranchements comme des fourmis d'une fourmilière et dévalent vers nos anciens ouvrages de défense, qui ne sont plus guère que des trous d'obus reliés entre eux. Le lendemain et le sur-lendemain, ils se rapprochent tellement de nous, malgré les succès obtenus par les troupes qui nous soutiennent à l'extérieur, que le fort presque cerné ne dispose plus que d'une seule poterne pour son ravitaillement en munitions et en vivres, qui va devenir bientôt impos-sible. Il faut installer en hâte des barrages de sacs à terre pour empêcher l'irruption de l'ennemi à l'intérieur.

Alors vont se succéder des heures de résistance opiniâtre et désespérée, où la poignée de braves qui défendent ces murailles crou-lantes n'en abandonneront la moindre parcelle qu'après l'avoir dispu-tée avec une indomptable obstination. En vain le commandant Ray-nal appelle au secours en lançant ses derniers pigeons voyageurs et en faisant des signaux de télégraphie optique. En vain un avion lui est envoyé et parvient jusqu'au milieu des défenseurs tout réconfortés par ce messager. C'en est fait du malheureux fort entouré de tous côtés, isolé, coupé de toutes communications avec le haut comman-dement.

Déjà l'ennemi commence à pénétrer en lui par tous les orifices ouverts dans ses flancs comme des blessures. Bientôt ce sont trois divisions qui se ruent sur ses débris, qui grouillent et foisonnent autour, dessus, dedans. Le front en sueur, les yeux brillants de fièvre, les poilus multiplient barrages et barricades, défendent marche à marche les escaliers et pas à pas les couloirs parmi les feux accu-

mulés des mitrailleuses
et des grenades, parmi
l'intoxication des gaz et
l'odeur pestilentielle des
cadavres que, depuis
quelques jours, il n'est plus
possible d'enterrer. Dans cette
atmosphère qui sèche et brûle les
gorges, ils se sentent dévorés d'une
soif que nulle eau, nul liquide ne
peut plus étancher.

Dans la demi-obscurité, la mêlée croît sans cesse en acharnement. Des
gradés, des soldats appellent Lambourdesque
dans tous les coins menacés pour battre le
rassemblement et grouper des
combattants. Quand il a fini de
battre, il se met, comme les
autres, à jouer de la grenade avec
autant d'adresse et de sûreté que
s'il maniait ses baguettes. A chaque
instant, des explosions surchauffent
encore l'air, tandis qu'une épaisse
fumée le rend de plus en plus
irrespirable. N'importe! des
mitrailleuses prennent les
couloirs en enfilade et mas-
sacrent les Boches qui, pour

venir à bout d'une résistance aussi héroïquement têtue, se mettent
à lancer des jets de flammes et des liquides enflammés.

Cette pluie embrasée provoque une minute de surprise et d'hésitation. Mais, malgré l'encombrement des blessés à qui on a réservé
les derniers abris, la petite garnison n'en continuera pas moins à
repousser le Boche jusqu'à la mort ou plutôt jusqu'à la dernière
goutte de liquide. Le 4 juin, la ration d'eau se trouve réduite à un
quart. Pour qu'elle ne soit pas encore diminuée, il faut faire quitter
la place à une partie de ses défenseurs, dont le nombre a pourtant
bien rapidement diminué.

Lambourdesque fut désigné parmi ceux qui devaient partir. Nous
sortîmes la nuit en nous efforçant d'éviter le moindre bruit. Mais le
roulement d'un caillou attira l'attention des guetteurs allemands, qui
donnèrent l'alerte et provoquèrent devant nos pas un terrible tir de
barrage. Malgré sa violence, mon malin tambour, grâce à son sang-
froid et à sa ruse, put se glisser jusqu'aux lignes françaises qui
étaient toutes proches.

Après notre départ, ceux qui avaient été conservés à leur si péril-
leux poste d'honneur s'y maintinrent plus vigoureusement que jamais,
et, à plusieurs reprises, la vague allemande se trouva de nouveau
ramenée à son point de départ. Dans la nuit du 6 au 7, l'ennemi fit
plusieurs sommations, toutes fièrement repoussées. Impuissant à
l'assaut, il résolut d'écraser sous un bombardement irrésistible
l'amas fumant qu'il n'avait pu conquérir.

Les défenseurs cherchèrent à briser le cercle de feu qui allait
infailliblement les dévorer. Mais cette suprême contre-attaque fut
annihilée en quelques minutes par une trombe d'acier. Et puis, que
pouvaient des hommes qui n'avaient pas reçu une goutte d'eau

depuis trois jours! Il fallait donc renoncer à s'ensevelir sous cet amoncellement de pierres et de cadavres et il ne restait plus qu'à se rendre.

Jadis, au temps de la défense de Gênes par Masséna, j'avais vu des héros vaincus par la faim. Ceux du fort de Vaux l'avaient été par la soif.

« Mais, demanda Lambert, il a bien été délivré, un jour, de ses odieux conquérants, ce pauvre fort martyr?

— Oui, le 2 novembre de la même année, il fut cueilli comme un fruit mûr par nos fantassins. C'était un impérissable souvenir de gloire qu'ils rendaient à la France. Car, dans l'Histoire, des noms de vaincus comme Vaux et Raynal brilleront d'un éclat plus pur que bien des noms de vainqueurs. »

CHAPITRE XVIII

Je fis la guerre jusqu'au bout en compagnie de Raymond Lambourdesque. Dans la seconde quinzaine de juillet 1918, quand commença cette magnifique offensive française qui ne devait plus s'arrêter qu'à la définitive victoire, nous faisions partie de l'armée du général Gouraud, le glorieux mutilé des Dardanelles, le chef au grand cœur qui savait si bien communiquer à ses soldats sa flamme guerrière.

En une marche irrésistible vers la frontière, nous reprîmes à l'ennemi tout le pays qu'il occupait depuis plus de quatre années. Ah! quel accueil triomphal et ému nous trouvions dans ces villes et villages délivrés par nous de l'atroce joug allemand! Quelles clameurs enthousiastes saluaient notre passage et faisaient fête à nos drapeaux! Ils nous embrassaient comme des frères enfin retrouvés, tous ces pauvres gens qui avaient souffert la plus implacable des oppressions, l'humiliation la plus douloureuse, toutes les privations et toutes les misères.

Puis vint le moment où le Boche, à bout d'efforts et d'espoir, voulant éviter le désastre complet de ses armées, implora un armistice et dut accepter la dure capitulation que lui imposa le maréchal Foch. Après tant d'épreuves patiemment supportées par notre pays tout entier, c'en était donc fini de la lutte sanglante et interminable!

17

Notre régiment entra en Alsace, la belle et fidèle province qui
avait vu naître tant de vaillants soldats de France et qui, arrachée si
brutalement jadis à la patrie, n'avait jamais désespéré de lui revenir
un jour. Ce jour tant attendu par plusieurs générations d'Alsaciens et
de Français, ce jour que, dans sa foi ardente, avait prédit le fou-
gueux patriote Déroulède, il venait enfin d'éclore, et nous allions le
vivre comme un des plus magnifiques de notre existence.

Nous fîmes notre entrée solennelle à Strasbourg, la vieille capitale
de l'Alsace si pleine de souvenirs, par un jour de novembre pâle et
brumeux, mais qui s'éclairait de toute la lumière joyeuse qui resplen-
dissait dans les âmes des habitants et dans celles des poilus. Les
murailles des antiques maisons à pignon pointu disparaissaient sous
les guirlandes de feuillage et sous un prodigieux foisonnement de
drapeaux aux couleurs nationales fièrement revenues. C'était toute
une ville qui, pour cette fête, s'était vêtue de tricolore.

Ah! Riquet, il fallait entendre ces acclamations, ces vivats, voir
ces bras tendus vers nous, ces douces larmes coulant lentement des
yeux extasiés. Dans cette foule en délire, que les rues pouvaient à
peine contenir, il y avait de tout : des bourgeois, des ouvriers, des
paysans en grand chapeau rond et petite blouse très courte, des
femmes coiffées du large nœud de ruban éployé comme un vol d'oi-
seau, de belles jeunes filles aux tresses blondes et des petits enfants
que l'on portait sur les épaules et qui nous envoyaient des baisers
de leur menus doigts roses.

Au milieu de cette cohue ravie, on voyait des groupes de vieux
vétérans de 1870 entourant des drapeaux et des bannières qui repa-
raissaient sans doute au dehors pour la première fois. Ils débordaient d'une émotion si intense, ces braves qui avaient eux aussi

lutté contre le Boche pour la patrie et pour la liberté, que leur voix s'arrêtait dans leur gorge et qu'ils ne pouvaient qu'adresser vers nos drapeaux des gestes muets et éperdus. Mais de tous les cœurs qui battaient à l'unisson autour de nous, un grand cri ne cessait de sortir et de remplir les airs d'un immense frisson de joie :

« Vive la France ! Vivent les poilus ! »

Ah ! ils tendaient le jarret, les poilus. Jamais ils n'avaient montré plus superbe allure et front plus radieux. En tête de nos tambours, le tambour-major semblait grisé et il se livrait à des moulinets et à des lancements de canne qui eussent fait honneur à Marius Lambourdesque lui-même. Quant au descendant de celui-ci, à mon digne tapin Raymond, il marchait au milieu d'un rêve enchanté. C'est qu'il pensait à sa femme, Gretel la Strasbourgeoise, à qui il avait si bien tenu parole, car il venait de lui rouvrir la porte de sa petite patrie rentrée maintenant dans le sein de la grande. Et il se disait, le brave garçon, en songeant à elle :

« Je n'ai pu la ramener aujourd'hui ; mais sa pensée se confond tellement avec la mienne, que c'est absolument comme si elle marchait dans nos rangs. »

Si elle n'y marchait pas, d'autres femmes y tenaient sa place, car des deux côtés de notre défilé, se déroulait une double file d'Alsaciennes en corsages richement ornés et en jupes courtes de couleur voyante, rouge, verte ou bleu-de-ciel. Sur leur front s'érigeait le traditionnel nœud de ruban, non plus noir comme aux jours de deuil, mais au contraire tissé de teintes fraîches et joyeuses sur lesquelles des fleurs semaient leur éclat printanier. Et elles suivaient allègrement le rythme martial de nos musiques, tout heureuses de servir ainsi de gracieuse escorte à ceux qui ramenaient la patrie à leurs foyers.

Ces musiques, jouant la *Marseillaise*, le *Chant du Départ* ou la *Madelon*, dominaient tout, entraînaient tout, enivraient tout. La foule en accompagnait les airs en chœur. Ah! quel jour, Riquet, quel jour! Je me disais de temps en temps :

« Si Fanfan Pluchon pouvait voir ça! »

Et au fond de moi-même, je le remerciais de m'avoir désigné, moi, l'humble compagnon de ses derniers jours, pour assister à sa place à un tel spectacle.

Nous traversâmes toute la ville au milieu de cet enthousiasme toujours croissant. Quand nous passâmes devant la statue de Kléber tout entourée de fleurs et garnie de drapeaux, il me sembla que le bronze vivait et que l'intrépide soldat d'Égypte souriait d'aise en entendant résonner nos marches françaises, sur cette place autour de laquelle tant de parades allemandes avaient marqué le pas de l'oie. En bas du piédestal, on avait apporté comme une dépouille du vaincu la tête de la statue de Guillaume Ier renversée et décapitée deux jours auparavant sur la place Impériale où elle s'élevait. Combien un tel trophée expiatoire réjouissait, en même temps que l'ombre de Kléber, sa chère ville de Strasbourg et l'Alsace tout entière!

Quand, après le défilé, le maréchal Pétain embrassa devant la foule le général Gouraud, celle-ci se sentit gagnée à une communion délicieusement vibrante de tous les cœurs. Quels cris retentirent encore, emplissant le ciel gris d'automne comme un vol d'oiseaux joyeux :

« Vive Pétain! Vive Gouraud! Vivent nos libérateurs! »

Alors les grands chefs et leurs états-majors se dirigèrent vers la cathédrale, la splendide basilique gothique construite en granit rose et que cette teinte faisait ressembler à une aurore divine de paix,

de liberté et de bonheur merveilleusement éclose parmi ces pauvres
âmes d'Alsace si longtemps opprimées. Et un *Te Deum* solennel et
pieusement recueilli monta vers Dieu pour le remercier de la juste
et éclatante victoire qu'il nous avait donnée.

Après le défilé, les poilus allèrent loger chez l'habitant. C'était
bien drôle de voir tous les petits garçons de la ville s'empresser
autour d'eux pour leur porter leur fusil ou leur sac. Il y en eut au
moins trois qui se disputèrent l'honneur de débarrasser Lambourdesque de mon poids. Mon cher compagnon d'armes avait été placé,
sur sa demande, chez les parents de Gretel, et il y fut fêté comme
jamais vainqueur ne l'a été. Quel dîner! Quels toasts à la France et
au triomphe de nos armes! Et quels chœurs de la *Marseillaise*,
aussi chaleureux, aussi ardents, à coup sûr, que la voix même de
Rouget de Lisle lorsqu'elle avait chanté pour la première fois, en un
Strasbourg presque aussi enfiévré, l'hymne sacré qui attise si superbement les courages.

Il se trouvait là un vieux grand-père
qui avait servi sous Napoléon III comme
caporal-tambour aux voltigeurs de la
garde. Il fut tout heureux de trouver un jeune camarade dans le mari
de sa petite-fille Gretel.

« Vous savez, lui répétait-il
d'une voix tremblante de joyeux
saisissement, rien que de vous
voir chez nous, ça fait un fameux roulement dans mon
cœur. »

Le lendemain matin, il entendit une musique militaire entamer
un air qu'il reconnut tout de suite.
C'était la sonnerie réglementaire :
Au Drapeau! Je me trouvais par
hasard auprès de lui. Il m'empoigna, se saisit des baguettes.

« Il y a bien longtemps que je n'ai
battu ça, dit-il. Voyons voir si je sau-
rai encore accompagner les jeunes. »

Et il y mit tant de cœur qu'il battit à
la perfection, se mettant de suite à l'unisson des
clairons et des tambours, comme si tant
d'années n'avaient pas fait taire pour lui la mar-
tiale fanfare. Et tandis qu'il saluait l'emblème de la patrie flottant
librement sous le ciel comme un maître revenu chez lui, des larmes
de ravissement mouillaient les rides de ses joues, et moi, je frémissais
d'orgueil et de plaisir sous ces coups de baguette de vieillard qui
célébraient une résurrection:

Cette émouvante batterie fut une des dernières de ma vie de
soldat. En effet, trois mois après, on démobilisa Raymond Lambourdesque, et je fus mis à la retraite, une retraite assurément bien
gagnée. Elle m'arriva sous la forme d'une vente de fournitures militaires dans laquelle je me vis compris. Non sans regret, certes, mais
il fallait bien me résigner. J'avais duré beaucoup plus qu'un tambour
ordinaire, et mon heure devait venir un jour. Elle était venue et ainsi
se terminait bien platement cette longue carrière dont je t'ai fait,
Riquet, un si complet récit que tu as dû me trouver terriblement bavard.

Je fus acheté par un brocanteur qui m'exposa à sa devanture. Le censeur de notre lycée, qui cherchait justement un tambour, m'y remarqua et lut l'étiquette de mon prix.

« Il n'est pas trop cher, » fit-il.

Et il m'acheta. Après avoir vécu tant d'heures de gloire, je n'étais plus qu'une occasion.

<hr>

CONCLUSION

Un peu las d'en avoir tant raconté, le vieux tambour se tut. Et Lambert restait plongé dans l'admiration devant cet humble vétéran qui, depuis de si longues années, avait pris sa part de toutes nos gloires militaires.

A ce moment la porte s'ouvrit, et le domestique chargé des batteries de tambour entra dans le capharnaüm. Il empoigna sans façon la caisse vénérable et d'un geste brusque passa le baudrier autour de son cou de lourdaud.

Lambert frémit d'indignation. Traiter avec si peu d'égards le vibrant témoin d'Austerlitz, de Sébastopol et de Verdun !

« Garçon, s'écria-t-il, voulez-vous bien être plus respectueux pour votre tambour ! »

Le garçon le regarda d'un air ahuri :

« Pour mon tambour? Ah ! çà, êtes-vous fou ? »

Il sortit en courant et Lambert se sentit pris d'une généreuse pitié en entendant rouler sur la peau de son ami cette chose ridiculement banale : la récréation de 4 heures.

Cinq minutes après, le censeur entrait à son tour :

« Eh bien ! Lambert, demanda-t-il, le capharnaüm vous a-t-il inspiré de salutaires réflexions? Je consens encore pour cette fois à ne pas écrire à votre famille, si vous me promettez vraiment de vous mettre au travail. »

Lambert prit un air grave et répondit avec chaleur :

« Je vous le promets, monsieur le censeur. Je me montrerai dur à la besogne et discipliné comme les Pluchon et les Lambour-desque. »

Le censeur se demanda avec étonnement quelles pouvaient bien être ces familles historiques. Mais il se dit aussi qu'il ne fallait pas contrarier les gens, surtout quand ils venaient de prendre de bonnes résolutions. Il se contenta donc de rendre la liberté au prisonnier.

Lambert s'est tenu parole. Il ne se fait plus mettre à la porte, et ses progrès étonnent maintenant tous ses maîtres.

Son père, le colonel, est fier de lui. Et dans cinq ou six ans d'ici, on verra voltiger à son front le joli plumet rouge et blanc que les saint-cyriens de 1914 arboraient si crânement sous le feu et qui en restera comme un symbole d'honneur pour la jeunesse française.

TABLE DES MATIÈRES

Chapitre Ier. — Le vieux tambour 1
— II. — Valmy 5
— III. — Arcole 12
— IV. — En Égypte 19
— V. — Le siège de Gênes 24
— VI. — Austerlitz 30
— VII. — D'Iéna à Tilsitt 41
— VIII. — Wagram 48
— IX. — La retraite de Moscou 55
— X. — Les Marie-Louise 60
— XI. — Jours de révolution et jours de repos 65
— XII. — En Algérie 75
— XIII. — En Crimée 83
— XIV. — Le déjeuner de Palestro 91
— XV. — 1870 101
— XVI. — Dixmude 109
— XVII. — Le fort de Vaux 118
— XVIII. — L'entrée à Strasbourg 129
Conclusion 137

39525. — TOURS, IMPRIMERIE MAME